愛が降り注ぐ あなたに なるために

今、この瞬間を生きる

Morino Hana

森野羽菜

三楽舎

プロローグ

これまでの自分の歩んできた道を思い返すと「本当にいろいろあったな」まずはそんなことをしみじみと感じます。誰もがみな、そうなのだと思います。ひとりひとり、自分の人生を精一杯生きてきて、振り返ればいろいろなことがあった。そして今がある。

今、私は福祉関係の事業をしながら、ヒーリングアートを日々描き、また講座の開催をしています。福祉関係の仕事では、おひとりおひとりの未来の構築のお手伝いをしています。みなさんのひたむきな生き方に感謝しつつ、自分自身も本来の無垢な私に戻す相棒がヒーリングアートとなっています。

子どもの頃から、人に見えないものが見えたり、感じたりしていました。

誰もが見える、感じるんだと、当たり前のように思い、おかしいとも思わずに過ごした子ども時代。やがて少しずつ周囲の様子がわかりはじめ「あれ？みんなは見えないのかな？　違うのかな？」と感じながらも、天真爛漫に過ごした青春時代。

楽しいこと、傷ついたこと、母とぶつかったり、先生に怒られたり、友達と心を通わせたり。自分は人とちょっと違うところがありそうだけれど、きっと誰にもそういう部分があるのだろう。そんな違和感は拭いきれないけれど、そういうものだと受け入れて生きてきました。

主婦から教員へ、そしてヒーラーと福祉事業の両立からヒーリングアートティーチャーへ。2度の結婚、家族を捨てて聖地セドナに旅立とうとしたときの不思議な体験、そして今ここにいること……。

すべてが必要な経験であり学びです。今この瞬間も。
すべては必然で何かが起きるときには、必ずそうなる理由があります。すべては自分自身が選んでいること、引き起こしていることだから、人を妬んだり恨んだりするのは間違いです。だからこそ「何も引き起こしたくない」と今の私は思っています。もう十分いろいろなことを引き起こしてきたと思うのです。

引き起こすことなく自分を振り返り、ひとつの来し方として残そうという想いから、この本を書くこととなりました。

ヒーリング曼荼羅アートに出会い、中心軸がぶれなくなったこともひとつのきっかけとなりました。半世紀を超える人生という学びの中で、少しずつ手放してきたもの。執着や人と比べることなどが、今はかなり少なくなってきていると思います。

自分を許し、自分が好き、自分が素敵だと思えます。すると、自分が何かを起こさなくても、幸せがポロポロと落ちてきます。幸せは「たなぼた」。慈雨のように降り注ぐものなんだと……。

私たちの日々の行いを、神様は見ていると言います。宇宙の愛に包まれているという意味では神様に見守られているでしょう。しかし見ているのは神様だけではありません。自分のすべてを本当に知っているのは自分自身です。自分がどうあるかを決めるのは自分です。

それがわかったから、私は思うのです。自分の奥の奥に、ひとりひとりの神様がいるのだと。神様は自分なのだと。ひとりひとりが自分を肯定し、自分が幸せになる。すると世界は幸せになり、宇宙も幸せになる。

みんな幸せになれる。
みんなで幸せになりたい。
この本で、そんな想いをお伝えしていきたい。
そんなエネルギーをお届けしていきます。

愛が降り注ぐあなたになるために　目次

2章　ヒーラーの道へ

3章　あなたはハッピー　私もハッピー

4章　出会うべき人と出会うために

5章　宇宙から自分を見てみると

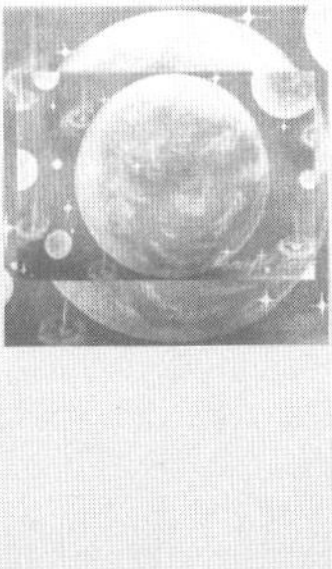

7章　すべては自分で選んでいる

8章　エゴのない世界へ

9章　曼荼羅アートで自分に還る

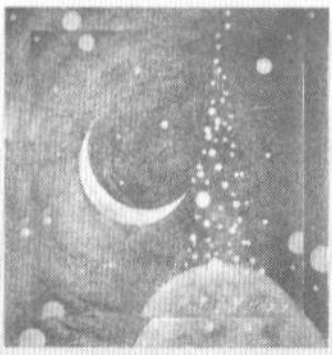

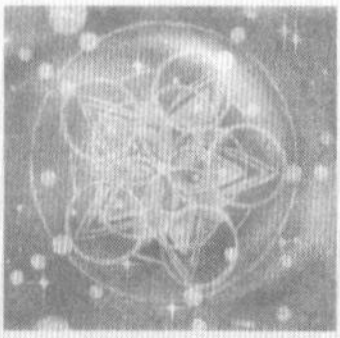

1章 サイネリアを待ちわびて

・懐かしい海辺の街で

私が育ったのは、江ノ島に近い海辺の街。私の家の庭は砂地で、よく水をかけて砂を固めた山をつくっていました。

昼下がりには、自転車の荷台に豆腐を乗せたおじさんが、ラッパを拭きながら「と～ふ～」と独特のリズムで家々の前を売り歩きます。私はそれを見たり聞いたりするのが好きで、母にねだっては、水を張った器を持って豆腐を買いに行ったものです。木のサンダルでカタカタと音を立てながら。

母の使いに出るときには、ビニールで編まれたピンクのカゴを持ちます。踏切を渡ると商店街が現れます。肉屋さんがコロッケを揚げる匂い、いつも茶葉を炒って、いい香りをさせているお茶屋さん。クジラのベーコンを所狭し並べて売っている魚屋さん（当時はクジラが安かった）。

母は花が好きで、庭にも室内にも母の育てた植物がたくさんありました。春には撫子や小さな白い花をたくさんつける雪柳。夏に向けて桃の花に似た姿で咲く夾竹桃《きょうちくとう》。そしてなかでも鮮やかに覚えている記憶。冬になると花が球状に集って咲くサイネリアの花が大好きでした。

サイネリアの花言葉は「愉快」「快活」「喜び」「元気になって」。それを知ったのはもう少し成長してからですが、幼少の頃から私はその花に魅入られ毎日ずっとサイネリアの花を見つめていました。いつか花の中から妖精さんが飛び出てくると信じていたからです（なぜそう思っていたのかは、後年わかりました）。

でも、毎日毎日待ち続けていても、妖精は出てきません。当時の私は「妖精はいないんだ」と、とうとうあきらめました。

小学生の頃は、とても引っ込み思案な子どもでした。先生の質問の答えがわかっていても、絶対に手をあげない。できるだけ目立たないように、静かにじっとしている。そして、ひとりで黙々と絵を描いているのが好き。今の自分からは想像できませんが、確かにそんなおとなしい子ども、自信のない子どもだったんです。しかし、家では快活で、家庭訪問にいらした先生がびっくりしていた顔を今でも思い出します。

小学校にあがった私は、毎朝校庭で行われる朝礼で、みんなと一緒に整列しているときにいつも不思議な思いにとらわれていました。台の上で話す校長先生の頭に、まるでスポットライトのように明るい光が当たっているのが見えていました。

校長先生のお話を聞きながら「あの光はどこから来るんだろう？　スポットライトなんてないのに」午前中、外の朝礼でライトなんてあるわけない。そういうことさえわかっていなかったので、ただただ不思議でした。

もちろん、友達もみんな同じ光景を見ているのだろうと思っていたのですが、実はその光は、オーラであることを後々知りました。

そういうものが見える自分がいたものの、周りとは少し違う自分ということをあまり意識しない、引っ込み思案で勉強は苦手なまま、小学生時代は過ぎていきました。

・ウォークインという生まれ変わり

そして中学生になったある日、私は自分が死んだ夢を見ました。明らかに死んでいるとわかる自分の姿を外から見ています。霊柩車に乗せられるのですが、その車がボロボロ。棺も古びています。

「せめてもう少しきれいな棺に入れて、もう少しいい車を選んで欲しい」そう思いながら運ばれていく自分を見ているうちに目が覚めました。そして、その日をきっかけに、私は積極的な女の子になりました。周囲も驚くほどにどんどん前に出ていく。どうしてそうなったのか自分でもわからないまま、目に見えて変わったことだけを自覚していました。

「人が変わった」という表現がありますが、まさにその通りです。大人になってヒーリングを学んでいる時、信頼しているヒーラー仲間にその体験談をしたところ「それはウォークインね」と言われました。その時に、もうひとつの魂が入ったのだと納得しました。引っ込み思案の私は生まれ変わり、新しい魂の友が訪れたのかもしれません。

しかし、相変わらず勉強は苦手だし好きじゃない。「高校に入れるかな？」なんて心配しながら、思春期特有のいろいろな悩み苦しみの中で高校、大学へと進学していきます。その間もずっと不思議なものが見えていましたが、多かれ少なかれ、他の人にも同じようなものが見えているのだろうと、相変わらずぼーっとしながら過ごしている私でした。

・山口百恵のような結婚、けれど……

次の大きな転機は大学4年生の時。私は3つ年上の大好きな人と結婚しました。在学中に結婚式を挙げたので、大学の仲間が大学新聞に私たちのマンガを描き「山口百恵と三浦友和か」なんていう見出しをつけくれ、幸せな祝福をいただきました。

卒業後は教職に就き、幸せの中、23歳で長男が誕生。私は学校の先生、主婦、母という3つの顔を忙しく使い分けながら、日々を懸命に暮らしていました。

続いて長女が生まれ、奮闘といってもいい日々はものすごい速さで過ぎていきます。嵐のような20代。そして30代に突入すると今度は離婚という転機が待っていました。

20代の終盤から、私は夫の不倫に悩まされ続けていました。前夫は上昇志向の強い人で、最初は尊敬できる優しい人でした。より良い仕事を求めて転職を繰り返すうちに地方での仕事の機会があり、夫は単身赴任することになりました。よくある話かもしれませんが、そこで小さな浮気がはじまったようです。

でもそう思うのは後からのこと。当時は彼のスカイラインにヘアピンが落ちていても、それを女性との逢瀬に結びつけることはなく……。夫のことを信じていたこともあり、自分の仕事や育児のこと以外にはのほほんとしていたのでしょう。

そうこうしているうちに、夫はその後の転職で、同じ会社の女性と泥沼の不倫にはまりこみます。単身赴任でもないのに、毎晩飲んでくる（と言って）全然帰ってこない。新宿や銀座で飲んだといって、一晩に40万50万と使ってくる。

女の影だけでも十分辛いのに生活苦もついてきます。ふたりの小さな子どもを抱え、食べるものにも困りながら夫がつくってくるサラ金の借金を返す日々。私が修学旅行の引率に出かければ、自分の実家に子どもたちを預けて家に女を連れ込む。

この頃の我が家は大変な惨状でした。私は不定愁訴で具合が悪く、食事が摂れなくなって体重がガクンと落ちました。体力勝負の職場で仕事をこなすことができなくなり休職になりました。長男は逆流性胃腸炎になって給食が食べられず、私が毎日お弁当を運ぶ日々が続きます。今考えると「気づけよー」と、たくさんの信号が送られてきていたのでしょう。

そうこうしているうちに、相手の女性が中絶をしたことを知りました。育てられないと夫が言い、相手の女性も自信がなかったのでしょう。

当事者のふたりが供養しようとしないので、私が供養しました。子どもに罪はありません。「空ちゃん」と名付け「大空で自由に過ごしてね。空のような広い心を持ち続けてね」と祈りました。

数日後、リビングで子どもたちがテレビを見ていました。人気の子ども番組です。私はリビングの外のフリースペースにいました。私のいるフリースペースとリビングの境目はガラスの扉で、スクエアの曇りガラスが何枚もはまっているものです。

すると、直径20㎝くらいの光の玉が、曇りガラスを通して見えます。「あれ？　子どもたちが懐中電灯で照らして遊んでいるのかな？」と思い、ガラス戸を開けると、子どもたちはテレビの前にちょこんと並び、夢中で番組を見ています。

「ああ、あの光は空ちゃん！」喜んで、光になったことを教えてくれたのだと感じました。

そんな毎日ですから本当に辛く苦しく泣いてばかりいました。子どもの前では弱い顔、悲しい顔は見せませんでしたが、近所の人や同僚の先生方、大学時代の親友は心配して掃除に来てくれたり、ごはんを作って持ってきてくれたりしました。今でも感謝が尽きません。

・中指に輝く光の珠

前夫の不倫相手は、学校は違っても私と同じ美大出身、しかもモデルのような美人。「このままではいけない」「どうしたらいいだろう」夫への不信感を持ちつつ、でもまだ好き、そんな想いが堂々巡りをしているうちに、福岡に出張に行くといって出て行った夫が予定日を過ぎても戻りません。「このままもう戻ってこないのかな」と漠然と思っていたら、夫の会社から「福岡出張に行ったきり出社しない」と連絡が来ました。そして、相手の女性も出社していないと。

彼女と一緒に福岡に行ったということは「これはいよいよ」と覚悟を決め仕方ないとあきらめをつけました。あきらめをつけたといっても、すぐに割り切れるものではありません。車を運転して仕事へ向かう通勤途中、突然ボロボロと涙があふれて止まらなくなる。

すると、私の右手の中指に、大きな金の珠が乗ったのです。真ん中の指は守護霊の指です。私の守護霊と主人の守護霊が先に出会い、話し合い、私に信号を送っていたのでしょう。

携帯電話のない時代、まだポケベルの時代のことです。まるでドラマのような話です。

それでも学校に着いて仕事をしながら、ふとした合間に、これからどうしようと思案していると、仕事中に校内放送で呼び出されました。電話が入っているという声に「もしかしたら」と思って駆けつけると、やはり夫からの電話でした。

「新幹線の駅までお金を持って迎えに来て欲しい」必死な声です。福岡に押しかけてきた彼女に、財布も洋服も隠され軟禁状態だったというのです。「隙を見てなんとか逃げ出して、車掌さんに事情を話して新幹線に乗せてもらった。だからお金を持って来てくれ」と。私は、守護霊さんに感謝しながら新横浜へと急ぎました。

・人生はパズル

この頃の私は、主人の裏切りや子どもたちの虚弱体質の悩みなどを抱え、レイキを学びはじめていました。そうして不思議なことがいろいろ起こったり、自分が子どもの頃から見えていたものの意味に気づきはじめたりしていました。

これもレイキを学んだことでわかったことですが、子どもたちもスピリチュアル体質で、一般には視えないものが視えます。視えてしまいます。そのため過敏でもあり、喘息やアレルギーなどに苦しんで救急車で運ばれることもありました。

そういう「苦しい」「辛い」「どうしていいかわからない」状態の私のところへは、宗教団体や「視える人々」がどんどん近づいてきます。友人に誘われて学びはじめたレイキの他にも、自分が興味をもったもの、相手が半ば押しかけてきたものなど、いろいろなものに触れる機会を得ました。

こういったことについては後の章でまとめてお伝えしますが、前夫に苦しまされ、悩んだおかげで、私は自分自身のことを知っていく旅が始まりました。本当に、人生にはムダなことはありません。すべてが結びついていく。まさにパズルのようなものなのだと思います。

・エゴを手放した先にあったもの

レイキを学び、いろいろなことを紐解いていったおかげで、私は自分を取り戻しつつありました。取り戻すというよりは、自分に出会う、自分を知るといった段階だったのかもしれません。

「夫をどうにかして家族のもとに戻したい」そう執着するのではなく「すべて収まるべきところに収まるはず」と、少しずつですが思えるようになってきていました。「手放す」「エゴを捨てる」ということの入り口に差し掛かっていたということでしょうか。

もちろん、そこに至るまでには迷いや葛藤の繰り返し。一度は「もういい」と思えても、また「許せない」という気持ちに苛まれたり。執着と手放しが寄せては返す波のようにやってきていたような気がします。

私は下丹田《しもたんでん》へ感情が鎮《しず》まったとき、夫に伝えました。

「あなたが幸せだと思う方へ進んでいけばいいよ。私や子どもは大丈夫」

そういった言葉を出すのは、私にとって苦渋の選択でした。でも彼の顔を見ると、彼女への執着が見てとれて辛そうな顔をしています。そうであれば、出てきた答えを伝えるしかありません。

しばらく考えているように見えた夫は「あちらとは別れる」とはっきり言

ってくれました。

そうは言っても相手の気持ちもあります。それ以前から、彼女は夫が下着姿で晩酌している写真を送ってくるなど、ストーカー的な行為を繰り返すようになっていました。福岡でのこともそうです。やがて別れを告げる夫に対し、相手はますます執着するようになっていきます。

・大切なこと

そんなある日、彼女から封書が届きました。中には赤ちゃんのエコー写真。「私、妊娠しました」という電話もかかってきました。「そうなんだ。大変だったね。申しわけなかったね」と言って「あなたも絵を描く人だよね。絵って自分の心の中が表れるよね」と話しはじめたらガチャンと電話を切られました。

心の底から話せばわかる。それは私がずっと持ち続けてきた信念でした。けれど彼女にとってはそうではなかった。自分の想いが相手に伝わるとはかぎらない。ましてや正しく受け取ってもらえるかなんてわかるはずがない。そう気づいた出来事でした。

彼女からの電話の後、改めて夫に確認すると、彼女と別れて家族のもとに戻りたいという意思は変わらないと言います。彼女から再度私へ電話がきたときに「ごめんなさいね、私も妊娠しました。あなたが子どもを産むというのなら、同じ歳になるかもしれないね。もちろん主人には、あなたの子どもは認知させます」と告げました。

私の妊娠は嘘です。彼女は妊娠をよりどころにしていた。子どもの命を人質にしていたので、夫と相談のうえで、私も同じように言ったのです。

妊娠5カ月だった彼女は、私のひとことで再び子どもを堕しました。もし本当に主人を愛しているのなら産むはずだろうと思っていたのですが、それは彼女が考えること。私にできるのは、再び赤ちゃんを供養することだけでした。『海ちゃん』という名前をつけて、「海のように深い、生命の根源であるあなたでいてね」と祈りました。

深くは考えていなかったのですが、2人を合わせると空海。ふとそれに気づいた瞬間「ああ、そうか」と納得したことを覚えています。宇宙の秘密を知っているとされる空海。空ちゃん、海ちゃんたちが、あるべき場所に還っていったのだと。

・別れ、そして出会う不思議

私が29歳の頃の出来事です。夫はその彼女と別れたけれど、女癖の悪さ、お金遣いの荒さは直りませんでした。今考えると、彼もインナーチャイルドが癒されていなかったためなのでしょう。

子どもたちにとっては優しくてカッコいいお父さんだったけれど、私は育ち盛りの子どもふたりの世話をし、養うので精一杯。夫には自分の力で好きなように生きてもらおうということになりました。将来を夢見てふたりで設計して建てた3階建ての家を出て、軽自動車のセカンドカー1台だけもらって子どもと3人で家を出ました。

子どもたちにはお父さんとの良い思い出を持たせたくて、最後にみんなで家族旅行をしたり、夫の実家や親類を訪ねて挨拶をしたり、夫の先祖のお墓参りをしたりしました。私のできる限りの思い出作りでした。

それにしても、やっぱり人生は不思議です。その後、私は再婚することになりますが、今の夫とそうなったのも、前夫との出会いがあったからのこと。

離婚して、元夫の借金は関係なくなっても、ふたりの子どもを抱えての生活苦は並大抵のものではありませんでした。それまで、生活費も夫の借金も私が払っていたので、蓄えはこれっぽっちもありません。

子どもたちの食べものにも苦労する私に、なんの見返りもなく家計の援助をしてくれた人。自分だって財布が空だったのに……。それが今の夫です。

今、こうしている私には、過去のすべてがつながっています。どれが違っても違う今がある。そう考えると「今がいちばん幸せ」なのは、あの辛いこと、苦しいことのおかげでもあります。

かといって、辛いこと、苦しいことは起きないに越したことはないけれど、今の夫ともケンカばかりしていますけれどね（笑）。

・パズルのピースはサイネリアとの絆

そういう日々の中で、少しずつ気づきを得はじめていたある日、私にパズルの重要なピースが落ちてきました。サイネリアです。私は絵を描くので、気づきは視覚でもたらされることが多いのです。

なんの前触れもなく、目の前にサイネリアが出てきて、クルクルと回り始めました。回転の速さが増すと、だんだん花びらがとれていって、雌しべや雄しべも分解して、ついには分子、原子、電子、素粒子となって、それが私の中に入ってきてくれたのがわかる。そういう状態です。

蜜蝋みたいな空間に透明感のある映像が浮かんで、その美しいビジュアルを自分の絵で表現したかったのですが、どうしてもうまく描けませんでした。

その時の感動はいつまでも消えることがありません。

幼い頃、あんなにもサイネリアに心惹かれたのは、こういうことだったんだ。私に必要なものだったんだ。すべてはつながっているんだ。そうはっきり認識する出来事でした。

2章

ヒーラーの道へ

・子どもたちからのプレゼント

夫の浪費と女癖の悪さに悩み苦しんだ最初の結婚ですが、それも私の人生に不可欠なものでした。かけがえのないふたりの子どもたちを授かり、また、実は前夫は観音様であることも、うっすら気がついていました。彼があんな騒動を起こすことがなければ、私の気づきも早まりませんでしたから。

夫の素行にどんなに悩んでも、日々成長していく息子と娘とともに過ごす日々はかけがえのないものでした。それだけに、妻としての悩みに加えて母親としての悩みや心配ごとも募ります。

先にお話ししたとおり、子どもたちはとにかく病弱で、アレルギーや喘息がひどかったのです。娘は黒板のチョークやバスケットボールをさわるだけで手がボロボロに荒れるほど。食べものや環境で喘息その他の発作を起こし、命の危険を感じることが何度もありました。

今ほど社会や学校がアレルギーなどに理解のない時代のこと、我が子の身を最終的に守れるのは母親である私しかいません（と、当時は思っていました）。

なにより愛しい存在だからこそ、不安が募り、悩み苦しみにとらわれます。なんとか無事に、親の不仲には気づかずに、楽しい毎日を送って欲しい。そのためには、私がしっかりしなければ。私がこの子たちを守らなければと必死でした。

前夫の借金、家計と子どもたちの養育費、それらをひとりでまかなうために働き詰めで、子どもたちとゆっくり過ごす時間のない日々でもありましたが、とにかく必死で、そのことについて考える余裕もないくらい、するべきことをなんとかこなすだけで手一杯の時期が続きました。

お金も時間も精神的余裕もない。それでも健康な体があり、子どもたちがいて働ける。今の私なら「大丈夫、大丈夫」と思えますが、当時は若かったこともあり、渦中に飲み込まれていたということもあって、どうしていいのかわからない。どうにかしてここから抜け出したい、そういう想いにとらわれて、いたたまれなくなることがありました。

今思い出していくと、あのときの苦しみには、ヒーラーへとつながっていく橋渡しのような意味があったのだと思います。

・レイキヒーラーとして

こうして、導かれるようにしてレイキを学び始めます。藁にもすがる想いというのでしょうか。人によってはカウンセリングに行くなど、助けを求める先はさまざまでしょう。

私の場合、子どもの頃からの不思議な体験や、母方の親戚たちを通して、目に見えない世界のこと、普通の人たちは関係なく過ごしているけれど、決して無視することができない真実の存在などを感じていました。それを学び解き明かすことが、もがき苦しむ状態から抜け出すために不可欠だということが、漠然とわかっていました。

やはり、レイキを学んだことで、私はいろいろな気づきを得ることができました。サイネリアとの不思議な、でも必然的であたたかな邂逅《かいこう》もありました。

同時に、レイキだけでは完全ではないということにも気づいていきます。レイキのヒーラーにもなりましたが、レイキだけにとらわれていては先に進めない。先に進むというと表現が違うかもしれません。真実はそこにあるわけでないことがわかったというような感じでしょうか。

だからといって、レイキを学んだことがムダだったということではなく、レイキヒーラーとなったからこそ得たもの、レイキの世界を理解しなければわからなかったことがたくさんあります。

レイキもパズルのピースのひとつだったのです。それは、その後のいろいろな宗教やヒーリング、スピリチュアルな世界も同じです。

・真実は自分のなかにある

私たちはどうしても、たったひとつの真実を求めようとします。それは間違いではないはずです。しかし、たったひとつの真実を、どこかに求めるものではないと感じています。

さまざまなことを経験し、そこから学び、その他から学びを広げたり深めたりして、自分にとっての真実を自分で見つけていく。

ヒーリングに通う人、そしてヒーラーと呼ばれる人のなかにも、ひとつを試して「これは違う」そしてまた、違うヒーリングや宗教にすがってみるものの「これも違う」とヒーリングサーフィンをする人がいます。

まやかしや、自分に合わないものを見定める。その判断は、確固たる知識や平等な目、にごりのない経験の中からしか生まれません。

多くの人は、自分が思ったとおりにならないと「これは合わない」「ニセモノ」などと決めつけます。しかし、**本物のヒーリングや大いなる力は、やみくもに救ってくれたり、その人の思いどおりにしてくれたりするものではありません。必要があれば、さらなる試練を与えたり、その人のもっている思い込みにNOを突きつけたりすることもあります。**

・起きたことはすべて気づきの種

必要なプロセスを踏まずに救われようとしても、それは不可能なのです。

一時的に願いが叶ったとしても、またどこかに必ず問題が起きてきます。

心身の不調や人生でうまくいかないことは、起こるべくして起きてきます。気づきを与えてくれるためのものです。気づいて原因から正さないと、本当には修正できません。

たとえば病気になって、初期だったから手術で摘出できたとします。しかし、以前と同じ生活を続けていれば、またどこかに腫瘍ができる可能性が高いでしょう。原因をなくさないかぎり、再び同じ病気になることもあるでしょう。

病気になったことで、生活習慣を見直して健康的な生活にシフトする。そうなれば再度の発生を抑えられるかもしれません。もちろん、それでも再発する人はいます。病気になることが必要である場合もあるのです。

しかし、気づきを活かしたうえで再発する人と、何も学ばず同じ原因で繰り返す人は一緒ではありません。

ヒーリングもそうです。すべてのことがそうなのです。自分の身に起きたことから学び、気づきを得るから人は成長できるのです。

・天の法則を見極める

ヒーリングや宗教の中でも、あきらかに違うと思うものが私のなかにあります。それは、他者を排除するものです。それから利益優先のものです。

たとえば、始祖がとても正しい想いではじめた宗教団体があるとします。天からのお告げに従い、天（宇宙）から教えはひとつ。宗教はもとを正せばひとつであるという真理のもと、学び徳を積めば多くの人が集まるでしょう。

それが次の代になり、他の宗教に対して「あれはニセモノだ。自分たちだけが正しいのだ」といったら、それはもう真理ではなくなってしまいます。他を排除する。それは天の法則に反しているからです。

また、たとえば「このセラミックプレートを身近に置けば、心身の不調が改善される」というような宗教やヒーリングもよくあります。それが1万円2万円であれば、必要な経費かもしれません。しかし、10万円、１００万円だったらどうでしょうか。

自分や大事な人が大病をしたら、それくらい惜しくないという人は多いでしょう。私だってそう思います。ですが、そういうことを言う人たちが正しいのか。その人たちが「良い」とするものが、本当に良いものなのか。

これは、あくまで私の考えであり、私が疑問視していて近づかないというだけです。いや、近づかなくなったということでしょうか。

だからといってイカサマやニセモノだと決めることはできませんし、排除もしません。それをしたら、他者を排除する人たちと一緒になってしまいます。

正しい、正しくないとジャッジする必要はないと思っています。

・人生の旅はあるがままを受け入れるため

私はまず、いろいろなものに触れたり近づいたりしても良いと思っています。それが自分自身の旅だから。人それぞれの自分の旅だから。私もいろいろな物事に触れて旅をしてきました。今の私はその旅を経て成り立っています。

それらを信じる人のことをおかしいとも思いません。信じたいものを信じていいのです。でも、信じるということは、相手を尊敬し、相手から学び気づきを得ることです。自分が欲しい答え、自分が思っていたとおりのことを言ってくれないから信じられないというのは違います。

たとえば前世を見て欲しいといわれて「アジアのどこかで最下層の暮らしをしていて、強盗をして獄中死をした」と言えば怒り出す人が多いです。「どこかの国の女王様だった」とか、「巫女で神の言葉を聞き人々に伝えていた」と言えば、喜んだり納得したりします。

そのように、自分の欲しい言葉をもらうためにヒーリングや宗教を求めるのは危険です。それを察知して、甘い言葉で近づいてくるものにつけこまれる隙をつくってしまうからです。

もしくは、相手に悪意がなかったとしても、欲しいものだけを取り入れて意に添わないことを排除しているうちに、自分が偏ってしまうからです。

そもそも前世とはひとつではありません。皇女様だったときもあり、貧困にあえいだ生もあるでしょう。殺したり殺されたりもしているのが普通です。世の中、ちょっと前までは頻繁に戦争があり、その前は、一部の権力者以外の命なんて風に吹き飛ぶくらい軽かった時代が長かったのですから。

誰もがいろいろな生を過ごして、いつか「もういいよ」ということになり輪廻転生が終わります。良いときも悪いときもあり、すべては宇宙という大きなバランスの中で中庸になるようにできています。

そのあるがまま受け入れること、それがもっとも大切なことなのではないでしょうか。

・経験と学びから気づきを自分のものにする

このような気づきを得て、さらにそれを自分のなかに落としこめたのも、いろいろな宗教やヒーリングを経験し、学んだおかげです。

どんな宗教も教えも、おおもとは宇宙の法則からきていると信じています。ですから、どこにいても何をしていても、原則や最終的にするべきことはひとつだと思っています。

教えの表現方法や実行方法などが違うだけで、世界のどこでも真実のおおもとはひとつ。それを自分で学び、深め、広げていき経験も積んで、たったひとつの自分の真実へと落としこんでいくのだと。

レイキにはじまり、ヨガや天台密教などを学びました。レイキとヨガではヒーラーとして、天台密教では高僧とともにさまざまなお勤めをしました。すべて本気で取り組み、それぞれの教えやヒーリング手法をマスターして、さらに自分のオリジナルのヒーリングに落としこめるようになりました。

30代、40代はヒーリングや天の教えを学び、またヒーラーとして活動する日々でした。

日々、成長する子どもたちを見守りながら、今の夫との縁にも恵まれて……といっても、壮絶な日々は続いていましたが。

前夫と別れて、体質的に過敏な子どもたちをなんとか無事に、そして健康にしたいと奮闘していたこと。子どもたちには前夫の所業や愚痴はいっさい言わなかったため、再婚に際して子どもたちの反抗がひどかったこと。

レイキやヨガ、天台密教を学び、修行やヒーラーとしての活動で寝る間もない時期が続いたこと。再婚して経済的に落ち着き、子どもたちも成長するに従って心身ともに落ち着いてきました。それでも私はまた寝る時間がないような生活を今もしています。自分で選んだこととはいえ、なんでこんなことをしているんだろうと思いつつも、やはり私の今生は、そういう人生なのかもしれません。

・スピリチュアルと科学は近い存在

ヒーラーへの道を歩みはじめたこの頃には、不思議な体験を数えきれないほどしました。あり得ないような出会いがたくさんありました。すべてが必要なこと。パズルのひとつのピースだったことがわかります。その中から特にお伝えしたいことは、次の章にまとめることにして、ここでは、もう少し時系列的に私の歩みを記しておきたいと思います。

今の夫と再婚した頃、子どもたちはまだ、ひどい喘息発作を起こすことがありました。前のお父さんが大好きで、普段は今の主人に反抗している子どもたち。反抗期まっさかりの子どもたちを発作のたびに背負って病院に連れて行ったり、付き添いをしてくれたりしたのが今の夫です。

理系で非常に優秀な人で、家柄も良いのに、よくふたりの子連れの私と一緒になってくれたなぁと思います。

ヒーラーとして活動し、スピリチュアル気質のある私にとって、この世の中の現象を科学的に解き明かしてくれる存在でもあります。彼と話していると、スピリチュアルといわれていることのなかにも、科学できちんと説明できるものが多いことがわかります。同時に、だからこそ宇宙の法則は、やはりすべてに通じるのだと感じます。スピリチュアルも科学も、おおもとの原則がすべてひとつであり、スピリチュアルは非科学的だといって、対立するのはおかしいことだと腑に落ちます。

理系の夫も神道の家系なので、神棚を大切にしています。彼が毎日水を換える榊はどんどん根がついてきて、家の中のあちこちに根付いた榊を挿す事態になっています。

一緒に山梨の別荘に行くと、妖精や光の輪があちこちに当たり前に存在して、私はもちろん、夫もそれを不思議ともなんとも思わないで寛いでいます。

・ヒーラーと主婦の狭間で

だからといって、私がヒーラーの修行や活動をするのに協力的かといえば、そんなことはありませんでした。彼にとっては、スピリチュアルなことは特別なことではなくそのために修行をしたり、飛び回ったりしているのは理解できなかったのかもしれません。

ある高僧のもとで修行している時には、夜中の2時に呼び出されたり、数日間山に籠るという修行がありました。これは、自分の限界を超え、宇宙の心を知るための業でした。私は一応主婦ですから、そのために夜中に出かける、何日も家を空けるというのは普通ではありません。

子どもたちは中学生から高校生、大学生と成長し、手はかからなくなっていましたが、夫としては私がそういう生活を続けているのなら「結婚している意味がない」と言うようになりました。まったくその通りです。

それでも当時の私はもっと学びたい、せっかく得ることができた高僧や素晴らしいヒーラーさんたちとの縁を活かしたい。もっと真理を追求したい。そう思って、家族のことを気にしながらも、したいようにしていました。

夫はそれを止めるでもなく、夫婦仲が悪いわけでもなく「あなたがそうしたいのなら別れるしかないかもね」というスタンスで、そういう状態がしばらく続いていきました。

・「子どものため」は「私のため」

話は変わりますが、子どもたちの虚弱体質は、私が「もう子どもたちを手放そう」と思った時からだんだん良いほうに向かっていきました。

「あれも食べちゃダメ」「これもしてはダメ」。経済的に逼迫している時でも、当時1パック100円だった卵や、普通のスーパーの野菜ではなく、3倍、4倍の値段のする「自然」といわれているものを選んでいました。

「この子を守れるのは私だけだ」と必死になり、娘が部活の帰りに友だちと食事をしてアレルギーによる発作を起こせば「お母さんのご飯を食べないからそうなるのよ」と叱る。

ところが、ヨガスタジオに通っている時に「あなたの執着が子どもたちを弱くしている」と言われたのです。そして、頭を気の通っている指先でトントンと叩かれました。(気が通っているためにとにかく痛い)「執着をなくせ」「依存をやめろ」と何度も、指先で叩かれます。

そう言われても、母親として当たり前のことをしているだけ。むしろこんなに一生懸命子どもたちのことを考えているのに、なんで叱られなくちゃいけないの？ と腑に落ちませんでした。

この「子どものため」というのが、実は私のエゴだったのですね。それが子どもたちの心身に作用していたのでしょう。「良い母親に見られたい」「必要とされたい」そういう自分のエゴや共依存的な気持ちが執着となり、子どもたちを縛りつけていたということです。

その時はそこまで理解できていませんでしたが、頭を何度も叩かれて「子どもためにやっているのに、こんなに痛い思いをするのはなぜ？　もういいや、痛いし子どもに任せよう」と思った時から、子どもたちはパッと喘息がなくなりました。今にして思えば不思議にも感じるし、当たり前のような話でもあります。私の執着は、私の念でもあったんですね。

もちろん不安はありました。何かあったらどうしようと、何度も元の状態に戻りそうになりました。でも、これまで自分としてはあんなに一生懸命やってきた、それでもダメだった。ならばそれを手放してみるしかない、そう思って耐えました。

結果的に体質的な問題はほとんどなくなっていきました。ふたりとも家系的にいろいろなものが視えてしまい、本人にとってそのための苦労や事件はいろいろあるのですが、虚弱体質については、そのほとんどが母親である私のエゴ、執着から発せられていた念だったのだとわかります。

・自分に正直になる難しさ

このことはヒーリングでも同じです。「この人を助けてあげよう」「この人のためになりたい」そう思うのは自分のエゴです。そうしたヒーリングは、最終的な解決にならないと、私自身は考えています。

「相手のために」は「自分のために」です。おおげさに言ってしまえば、相手を助けてあげたという自分の自己満足につながります。力のあるヒーラーだと認めさせる承認欲求にもつながります。私はヒーラーとして、そのようなエゴがあってはよくないと思っています。

相手の役に立ちたいという気持ち自体は尊いものです。しかし、それは自分のためだということを自覚しなければいけないのではないでしょうか。自分がそうしたいからしている。

私が子どものためと思っていた自己犠牲の精神は「不必要なもの」自分がしたいことをする、自分がしたくないことはしない、しなくてはならない場合も「したくない」という気持ちは伝えないといけないと思います。

そのためには、まず自分自身のあるがままに向き合う必要があります。それがなかなか大変なのですね。「子どものため」ということにしていれば楽です。良いお母さんでいられます。「自分がしたいから」と言えば、ともすればわがままだと思われるかもしれません。特に日本では、はっきり意思表示をすることは歓迎されないことが多いです。

控えめでいること、周囲に合わせること、空気を読むこと、それが無難、自己犠牲は美徳。そういう社会です。

相手に2種類の飲み物を出されて「好きなほうを選んで」と言われた場合日本人は「どちらでもいい」「あなたが好きな方を選んで」と言いがちです。本当は欲しいものがあるのに、遠慮してしまう。

それは相手に譲っているように見えても「良い人に見られたい」というエゴです。欲しいものがあるなら「これが好きだからもらうね」と言えばいいし、もしくは「私、良い人ぶりたいから、あなたに先に選んで欲しい」と言えばいいのです。

3章
あなたはハッピー
私もハッピー

・自分がしたいことをしている？

これが外国の人たちの場合、多くは「ありがとう、これをもらうね」と好きなほうを選びます。相手が「選んで」と言うのだから選ぶ。当たり前のことです。相手から提案されたこと、頼まれたことに応えているだけです。

日本でも、最近の若い人たちの状況は変わっているようです。たとえば私たちの世代だと、友達同士でランチをしていて、隣の人のおかずがおいしそうに見えたとします。

ひとくち食べてみたいな。でも「ちょうだい」なんて図々しいかな。そういう時「それおいしそうだね〜」と羨ましそうに言うというテクニック（笑）を駆使します。すると相手は暗黙の了解的に「食べてみる？」というわけです。

よく考えると、くれることを期待してプレッシャーをかけるというのは「ちょうだい」とお願いするよりも図々しいのでは、しかも「くれとは言っていない」と言える防御策までとっています。

これが今の50代60代世代の、ある意味お作法だったような気がします。

今の若い人には「おいしそうだな～」と言われて「あげないよ～」と明るく答えられる人が増えているのではないでしょうか。

そして「ちょうだい」「これやって」などお願いされても「ムリ！」と返せる人が増えているような気がします。あくまでも私の感覚的な意見ですが。

これに対し上の世代の人が「今の若い人はわがままだ」「思いやりがない」「(悪い意味を込めて) はっきりしている」などと言うことがあります。

そういう人たちは、自分も本当は言いたかったのに言えなかった人、言わなかった人、自分がガマンしてきた、ガマンさせられてきた人は、他の人にもそれを期待したり強要したりします。「それが常識」と言って。

自分が好きなことをしている人は、相手がしたいようにすることを許します。もちろん、人に迷惑や不快感を与えない範囲でのことですが、常識は人によって違いますし、何を迷惑と思うか、不快に思うかは人それぞれなのであまり考えすぎなくていいと思っています。

人のためを考えるより、自分の気持ちを考える。ありのままの自分でいる。その結果「私もハッピー、あなたもハッピー」になる。それが一番いいはずです。

「あなたのハッピーのために私はガマンします」それは「私のハッピーのためにあなたはガマンしてください」に通じます。

・あるがままで生まれるもの

欲しいと思うものがあれば「欲しいです」と言う。ダメと言われたらあきらめる。そうしていれば、必ず欲しかったものと同等か、それ以上のものがやってきます。

「それちょうだい」と言われて、イヤだったら「あげられません」と言う。それが普通のことです。別にあげてもいいのでより欲しい人に使ってもらおう。そうしてあげたとすれば、あげたもの以上のものが返ってくるでしょう。

相手に与えた幸せの分といえるかもしれません。

使ってもいないのに、欲しいと言われると惜しい。そういうものもありますよね。だからといって「あげない」というのは執着です。執着はなんらかのマイナスで返ってきます。

話が戻りますがこの法則を考えると、私の最初の結婚で、夫が他の女性のところにいっていた時に、もし夫に「不倫相手と別れて戻ってきて」と強要していたら、彼は向こうへ行っていたかもしれません。「あなたが幸せになると思う方へ行っていいよ。子どもたちは大丈夫」。そう言えたことで、彼は家族を選んだのではないかと思うのです。

・家族か聖地か

子どもたちが大きくなり、私はヒーラーとしての修行やクライアントさんの対応に追われていました。家を空けることが多くなると、今の夫との溝が深まっていきます。溝といっても関係が悪くなったということではなく、一緒にいる意味が見出せなくなったということです。

私としては、優しく頼りになり、子どもたちにも良い父親。このまま一緒にいたい気持ちはあります。しかし、彼は理系の合理的タイプ、意味がないことを続ける気はしなかったのだと思います。

「やるならとことん」の私の性格を知っている夫は、いつか私がどこかに行ってしまうかもしれない。そういう先の見えない不安もあって、はっきりさせたいという気持ちもあったのかもしれません。望むと望まざるとにかかわらず、実はかなりのスピリチュアル体質である彼のその不安は、まんざら間違いではありませんでした。

そしていよいよ運命の時がやってきました。

40歳後半頃のこと、私はヨガのマスターヒーラーとして認められ、高い位置にいらっしゃる力のある師匠たちと行動を共にしていました。この頃の私は、すでに命門《めいもん》から宇宙へと意識を広げていったり、目をつぶっていても、第三の目ですべてが視えたり、身体のまんまん中がスポンと透けて向こう側が視える、などなどの業が身についていました。

そしてついに「一緒に聖地で活動しよう」というお誘いを受けたのです。お誘いというよりは、命令に近いものだったかもしれません。「あなたは世界平和のために行くべきだ」という。

そのとき誘われた聖地は、アメリカのセドナでした。行ったら家族とは長期で離れ離れです。もちろん迷いました。でも当時の私は、ヒーラーとして人々を助けたいというエゴ。力のあるヒーラーたちに認められたというエゴ。もっともっと「すごい人」になりたいというエゴ。さまざまなエゴと執着の中にいてそういう自分の状態さえまともに判断できていなかったのでしょう。

「行く」と決めて荷物もまとめました。夫からは「セドナに行くなら離婚しかないね」と言われ、それさえ「仕方ないか」と思っていました。

いよいよセドナへ行くための師匠との約束の日、どしゃぶりの雨の中を私は駅に向かっていました。駅舎に入ろうとしたその瞬間、足が動かなくなりました。そのまま足に根が生えたかのように一歩も動けない。

「なにこれ、どうしよう」身動きできないまま心の中は大慌て。師匠との約束に遅れるのも困ります。周囲の人たちは、大きな荷物を持ってどしゃぶりの中に佇む私を不審そうに見ています。

その時です。「明石家さんま」さんの声で「セドナから愛よりも家族との愛やろう」という言葉がはっきり聞こえたのです。同世代の人はおわかりかと思いますが『オレゴンから愛』というドラマのもじりのようなセリフです。

その瞬間、ハッとなって体が動くようになりました。そして私は静かに、そして当たり前のように「家族のところに帰ろう」という気持ちになっていました。

4章
出会うべき人と出会うために

・守護霊から送られてくるサイン

誰の人生にも普通に散りばめられているサイン。それに気づくかどうかで歩む道は大きく変わっていきます。気づかないからダメだということはありません。どんな道を歩んでもいいのです。

私のサインは守護者から送られてきました。たとえば私があの時、家族を捨ててセドナに行っていたら、きっと私は今生でするべきことをしないままだったでしょう。その代わりに、何か他のものを成し遂げることになるはずです。

しかし、今生に与えられた課題をクリアしないかぎりは、次に輪廻転生しても、また同じ修行をしなければならないでしょう。次には進めないということです。

自分が正しい道だけ歩んできたかどうか。これからも正しい道を選んで行けるかどうかはわかりません。しかし、次の生にマイナスをもたらすようなことだけはしたくないと思っています。

そして、必要な時には、授けられるサインを受け取ってきたと思います。母と父のもとに生まれ、サイネリアのサインを受け取り、前夫、子どもたち、今の夫と出会ってともに歩んできた。きちんと出会うべき人たちと出会い、向き合ってきたという実感があります。（渦中の真っ只中の時は、気づいていませんでしたが）

友人や仕事関係でつながった人々、たくさんのヒーラーさんや、師匠、高僧、そしてクライアントの皆様方。すべて意味があるのだと思っています。

まだまだこれからも、ご縁がある人と出会っていくでしょう。きっとこれからの私は、つながるべき人とつながっていけると思っています。エゴや執着を手放したからだと思います。

人は自分と波長の合うレベルの人と関わって生きています。自分のレベルが変われば、関わる人も変わってきます。しかし、エゴや執着で自分の生命体を混乱させてしまったり、混乱に巻き込まれてしまったりすると、場が乱れて本来関わるべきでない人との関わりが生まれてしまいます。

それも勉強のひとつだといえばそうですが、そのために本来出会うはずの人と出会えないのは残念です。

そういう意味で、ありのままの自分でいるということはとても大切なこと。

生命体や場を整えることにもつながるといえるでしょう。

・カンボジアでオールインラブ

次の章に進む前に、その後の私のことを駆け足でお話しします。

セドナに行く約束を当日キャンセルした私は、そのまま家族のもとに帰りました。「自分の好きな道を選ぶといい」と言い続けた夫ですが、とても喜んでくれました。

ここでも夫が執着から「行くな」と言っていたら、こうして戻ってくることはなかったのかもしれません。夫は本当のところ行ってほしくなかったけれど、私の夢を奪うことをしませんでした。

「行くなら離婚だよ」という形で、はっきり意思表示をしながら、あとは手放してくれました。だから私も、本当に正しい道に戻れたのかもしれません。もしくは、正しい道がこちらになったのかも知れません。

とにかく喜んで迎えてくれた夫は「戻ってきてくれたから」ということで、旅行をプレゼントしてくれました。久しぶりのふたりの時間。とはいえ、急遽、旅先を探すことになったので、カンボジアしか選べなかったそうです。そのおかげで旅先でもさまざまな不思議な体験をすることになります。次章でお話しする数々の現象も、きっと必然だったのでしょう。

その後、カンボジアから帰った私は、ヒーラーとしての活動を続けながら、福祉事業所の経営に乗り出します。長らく障害者教育の教師として務めてきた経験から、学校現場以外にもできること、必要なことがあるはずだというのが身に染みていました。

これまでのさまざまな経験を生かし、私たちだからできる福祉事業所を作りたい。誰かのためとか社会貢献ということではなく、障害者の人たちと一緒に歩いていきたい。自分の願いが実現できる場をつくろうということで動き出し実現させていきました。

教師、ヒーラー、福祉事業所の経営を軌道に乗せ、今は福祉事業所を次世代に引き継ぐためにいろいろ動いています。スピリチュアル系のワークショップを開いたり、年下だけれどとても尊敬できる師に出会い、その方のもとで宇宙の真理の勉強も続けたりしています。

娘が大磯にマクロビオティック薬膳のカフェを開いたので、そこでお手伝いをしながらのんびり暮らし、ゆくゆくは夫と山梨あたりに移住したいな、なんていう野望（笑）もあります。

とはいえ、いまはまだまだのんびりとはいかず、福祉事業で突発的なトラブルが起きて夜中に呼び出されることもあり、バタバタとした毎日が過ぎていきます。

心の求めるままに、いろいろなことにチャレンジしてきましたが、やはりヒーリングについては、今生でしっかりやるべきことだったのだと感じます。クライアントさんを見るかどうかは別にして、ヒーリングという行為、スピリチュアルな学びは、ずっと続けていくのだと思います。

・スピリチュアルは母の家系から

ここで私の亡き母のお話をさせていただきます。

私の母は岩手の出身です。家系的にスピリチュアル系で、いろいろなものが視える一族なのでしょう。私の母は「幽霊なんて視えるのか？　目に視えないものはいないんだ」という人でしたが、本当は視えていたのだと思っています。

母方の従姉妹の中には、普通の人の目には視えないものが視えすぎてしまい、日常生活に支障をきたしている人がいました。どこにいてもひとりになれない。霊やら妖精やらが集まってきて、うるさくてたまらない、心が落ち着ける時がないというわけです。

彼女は恐山に行って、力のあるイタコさんに頼んで、視える能力を減らしてもらったそうです。真に力のあるイタコさんは、そういうこともできるのだとか。

母自身のお葬式では、亡きがらは棺に入っているのに、魂がそのあたりをウロウロして、参列客にお酌をしてまわろうとして、とにかく元気……というのもおかしいのですが、はっきりと姿が視えましたね。しっかりした人だったので、皆さんに挨拶がしたかったのでしょう。

初七日前に親戚や親しい人を呼んで式をするのはそのためなので、本人にしてみては当たり前の行動だったのかもしれません。母方の親戚たちにはきっと視えていたのでしょうね。

・龍との縁を感じて

母が亡くなった後、母の生まれ故郷である岩手へと向かい、夫と一緒に東北地方を回りました。遠野に行くと北方の守護神でもありレイキのマントラにもある兜跋毘沙門天《とばつびしゃもんてん》に出会ったり、サイクリングをしていたら、遠野物語に出てくる風の吹く場所で、すごい風が吹いてきて倒れそうになったり、いろいろなことが起きました。そして平泉の金色堂に着いた時に、ある答えに出会いました。

ある時、今の夫と一緒に寝ていると、夫のオーラが、傷ついてぼろぼろになっているのがわかりました。やれやれ、さてどうしようと思った瞬間、頭上にすごい風が吹いてきて、寝ている夫の体に金色の糸が巻き付いたのです。夫はコクーンのように、金糸に巻かれ繭の中にいるような状態になりました。そしてもう一度風が吹いて、ひゅんっと糸がすべてなくなり、夫のオーラはきれいに整っていました。

そのあと、金色の仏像がずらっと並んでいる光景が見えました。仏像の横には読めない文字が書いてあって、5色のリボンのようなものが風になびいていました。

今回、はじめて訪れた平泉の金色堂で、その時とまったく同じ光景が広がっていました。あの時、読めなかった文字は梵字で、高い塔から5色の布が垂れています。そこは、金色堂の隣、毛越寺《もうつうじ》です。

そして、あの時主人の身体を金色の糸で巻き込んでオーラを整え、ひゅんと消えたのは平泉と毛越寺の龍であることがわかりました。


平泉には龍穴があります。そして私は江ノ島の龍にはじまり、ずっと龍にご縁があり、高僧や師匠たちには黒龍がついていると言われ続けていました。

このことは、私と夫が出会うべくして出会ったこと。そして母が私たちを守ってくれているという知らせだったのでしょう。それが自然にわかりました。こういう瞬間はどんな人にもあって、必要な時に必要なことが結びつきます。それがサインです。

そして、その後にお会いしたマスターから戸隠山《とがくしやま》でいただいた色紙が黒龍。私は龍ととても深い縁で結ばれているようです。

主人の名前も、実はりゅう……なんです。

・輪廻転生の結びつき

話は戻りますが、家系も前生もすべてがリンクしています。たとえば前夫と旅をした場所は、必ず過去生で縁があった場所でした。新婚旅行で石川と福井をまわりましたが、父は前田利家の系列の家で、天台密教の住職として敵方と戦い、手のひらに火を灯していました。私はこのとき過去生回帰で毛利家の紋章を見ていました。

前田家と毛利家が戦う事実があったのか、自分のことを半ば不信の目で見ていましたが、ありました。歴史を紐解いたら、秀吉が利家に懇願していたのです。

ここでもパズルがひとつつながりました。そんなことを知るよしもなく、今生で天台密教をまた学んでいるのも不思議ではないのかもしれません。父方の前田家のお墓は金沢にあります。

現夫とも、過去で共に暮らしていたことがわかっています。その時は私が男で夫が女。私は大酒飲みで、妻でしょうか、今の夫をこき使っています。夫は横暴な私に乱暴に扱われながら泣き暮らしているようでした。

同じものを夫も見ていて「男女が入れ替わっても、あなたと僕の関係は変わらないね」と言いながら夕飯の支度などしてくれます（笑）。不思議だけれど自然なこと。過去生で自分がしてきたこと、過去からの因縁というのは、そう簡単に途切れたりはしないものです。

過去で深く関わりあった人とは、またどこかの人生で交錯する。そして、必要がなくなった時（お互いに勉強が終わった時）また別の学びへと旅していきます。

5章
宇宙から自分を見てみると

・本物の自分になっていくこと

私はまだまだすべての悟りには至りませんが、この世のすべてが陰陽のバランスで成り立っているということはわかります。だからこれまでお話ししてきた通り、何かを取ると、取った分が奪われます。天から授けられるのを待てば、それはそのまま自分のプラスになります。

そうして、あるがままの自分でいるために、宇宙に意識を飛ばす時間を設けています。自分で自分を見てみるのです。幽体離脱して宇宙に飛んでいく。その時は龍が助けてくれます。

そして時には愛犬たち（出雲の頃から、ずっと一緒で守ってくれている龍たちです）が、一緒に宇宙に駆け上って手伝ってくれることもあります。私は本当に恵まれている、愛に満たされていると思います。

そうやって宇宙から自分を見つめて振り返りをしていると、自分の心も見えてきます。人間は無垢で生まれてきますが、環境によって、日本人の意識世界の意識、親の意識、関わった一族の意識などがどんどん入り込んできます。そういった集合体の意識でパンパンになってしまう。

それはある意味、エゴであり執着の元になるものです。意識というのは自分の気持ちですから、多かれ少なかれエゴは入ってきます。

・自分という器に入っているいろいろな意識

たとえば今は日本人なので、日本人の集合意識の中で生きています。欲しいものをストレートに欲しいといえる外国人には、肩こりが少ないと聞きます。さらには肩こりという概念がないので、肩こり事態が存在しないのだとか。面白いですよね、日本には肩こりがあるから私たちは肩がこるわけです。

幽霊も、江戸時代までは存在しませんでした。それ以前は怨念、想念というふうに捉えられていたものが、江戸時代の絵師が幽霊の絵を描いたことで幽霊になりました。

生まれ持ったものが同じ意識でも、時代や環境によって生き方はまったく変わります。同じものであっても、時代や国によって存在したり、しなかったり。存在の仕方も、良いものか悪いものかさえも変わります。

戦争があった時代なら人を殺すことで褒められました。人を殺してはいけないと言えば、拷問にかけられて殺される時代もあったのです。

私たちの中には、いろいろな時代を生きた、さまざまな意識が入っています。そうして生きていく中で、さらにいろいろなものをまといます。

修行というのはそれを取り外して、本来のあるがままの自分を取り戻すこととも いえるでしょう。不必要なものを取り外していって、シンプルな本当の自分を中からすくい出す。私自身、余計なものはだいぶ外れたと思いますが、それでも死ぬまで外す作業は続くでしょう。

ずっと輪廻転生のお話をしていますが、人間は過去と現在だけでなく、いくつかの次元で同時にいろいろなことをしているという考えもあります。輪廻転生でも、多次元で複数の人生を送っていても、自分は自分でいることが基本です。どんな立場であっても人間でなくても、その時の自分を精一杯に生きる。

程度の差こそあれ、誰もが死後のことを考えると思いますが、ある意味、私たちはすでに死んでいる、常に死んでいるという言い方ができるかもしれません。死んでいると言うと語弊があるかもしれませんが、ありとあらゆる世界に存在していて、生と死を繰り返すというのが、私たちのあり方なのかもしれません。

死んでいるけれど生きている、生きているけれど死んでいる。色即是空の世界ですね。

・認めたくない自分をも認めてラクになる

そのようなあり方の中、今生でどのように本当の自分になっていけばいいのかといえば、自分を認めること自分を隠さないことです。これは他人に対してだけでなく自分に対してもいえることです。

優しい自分や頑張り屋の自分は、誰もが心地良く認められるはず。しかし、意地悪な自分、怠け者な自分、嘘つきな自分、嫉妬深い自分……そういう自分は認めたくない、見ないでおきたいというのが普通です。

それを敢えて認める、それを許すことで、思い込み、つまり執着を手放すことができます。人が自分をどう思っていてもいい、自分は自分に嘘をつかず、あるがままでいる。ありのままでいることが、実はとても楽であることに気づきます。

こうして書けばそれまでですが、実際に手放すのは本当に大変なことです。辛くて苦しくて嫌なことだけれど、悪い自分を見つめます。とことんウォッチングします。

「どうして意地悪をするの？」「どうして妬むの？」。そういう辛い時は2や4の番号を選んでみてください。たとえば駐車場で2番や4番を選ぶというように、ムリをしない範囲で、バランスを整える数字である2や4を選びます。小さなことですが、辛い時にはそれだけでも心が落ち着きます。

また、自分と対話しすぎると、いくつかの自分が生まれはじめて逆にバランスを崩します。

くれぐれもムリをしない、思いつめないことが大事です。

・ヒーリングとエゴの関係

私が自分を見つめる作業の中で、常に自問自答してきたことがあります。ヒーラーを目指したことにエゴがなかったかどうかということです。もともとヒーラーになろうとはっきり覚悟したのは、前述のカンボジア旅行がきっかけでした。

ヨガのマスターとしてセドナに行くのをやめて、夫と出かけたカンボジア。カルチャーショックの連続でした。彼の地で幽体離脱を繰り返し、みんな健康な中で私だけ下痢と発熱がずっと止まらずという日々でした。病気とか、お腹を壊したという感覚ではなく、すべては神様の計らいだったのだと思います。

『丹光《たんこう》』という自分の生命エネルギーから出ている光が自分のまわりでパシパシ光り、スポンと体外に抜け出ていく。幽体離脱には慣れていたものの、旅行中はやはり何かのサインだと感じました。

セドナに行くことをやめてスピリチュアルとは離れて暮らそうとした私ですが、逆にカンボジアに行き、ヒーリングへの導きをいただいたとわかりました。

私は私のままでヒーリングをして、結果的に救われる人がいればいいと思いました。そして古神道や言霊修道士の資格をとり、本格的にヒーラーとしての道を歩み出しました。

しかし、そこに、視えないものが視える力を活かしたい。その結果として誰かを見返したいとか、すごいと思われたいという意識がなかったか。有名になりたいというエゴがなかったか……。

ヒーラー同士でも、自分はあの人よりも力があることを見せつけたいとか自分のほうが多くのクライアントさんに必要とされていることを証明したいということがあります。

私自身、ブログが人気になって「ブログの女王」などと呼ばれていた時期もありそこから順位を落としたくないという意識が働いたこともありました。いつもブログの順位が気になり……。ヒーラーとして力を得たものの、人としては完成されていませんでした。

・生まれ持っての喪失感を自覚する

「あなたしか頼れなかった」そういわれると大変だけれどうれしい。クライアントさんのことを考えていて、3時間くらいしか寝られないけれど充実感がある。それは自己満足なのですが、当時は「あの人のために頑張っている自分」を誇りに思っていました。

本来不必要であるはずの自己犠牲を尊いと感じてしまうのは、人間が生まれもつ基本的欲求のためだと思われます。

食欲、性欲、睡眠欲という三大欲求の次に位置するのではないかといわれるのが承認欲求です。認められたい、褒められたい、必要とされたい、私たちにはその欲求が備わっています。

宇宙のはじまりの源はビッグバンで混沌とした元の宇宙がいくつにも分かれ広がったことにあるといわれています。ビッグバンにより、いろいろなものが生まれたという表現をされることが多いのですが、もとはひとつだったものが分かれて、それぞれ銀河系や太陽系、星々や地球などになったというのが正しいのかもしれません。

いくつもに分かれた寂しさや疎外感。自分がひとりで生きていることの実感。自分の一部だったものが離れていく別離不安。それが私たちの中に根本的な喪失感として植え付けられているのかもしれません。

家族がいても、ペットがいても、どんなに愛する人と心がひとつだと感じられても、その寂しさだけは埋まることがないのかもしれません。しかも私たちは、この世に生を受ける時に、敢えてその寂しさや別離不安、喪失感や無力感を追体験させられます。

お母さんのお腹という究極的に安全な場所で、あたたかな羊水に漂っていればいい。お腹が空くことも、イヤなことや辛いことも、痛みを感じることもありません。それなのに、ある日突然強制的にその場所を追われます。

狭くて苦しい、暗い場所を懸命に進んで、指定された場所を目指すことを余儀なくされます。出産は胎児にとって過酷な旅です。しかもその後に待っているのは、たったひとりで生きていかなければならない現実。

親がいても、愛してくれる人々に囲まれていても、呼吸をし食べものを取り込んで吸収し、排出する。そうした生きるために必要なことは、すべて自分だけで行わなければなりません。

寒かったり暑かったり、痛い目にあったり、欲しいものがわかってもらえなかったり。そういうことを、小さくて無力な体でひとり自力でこなさなければならなくなります。そして成長する過程に、生きているすべての時間に、苦難は次々に降りかかります。

だからこそ、自分は特別な存在だ。認められたい、愛されたい、褒められたい、必要とされたい。そういったエゴ、執着、カルマといえるかもしれないものを手放せないでいます。むしろどんどん強くなることが多いです。

・洗濯物にならないための選択

私のワークショップに一般のお客様として参加したヒーラーさんが、私の編み出した方法を自分のこととして使っていたり、ワークショップの常連さん同士で、自分のほうがヒーラーさんと親しい存在だといって張り合ったり。

本来癒しであるはずのヒーリングの世界でさえも、いろいろな諍いや妬み、恨みが生まれるという現実があります。それは悲しく虚しいことですが、そのことさえも認めて、自分自身はそういった意識を取り外していくしかないのですね。もしくは、そういった環境から離れるという選択もあります。

「センタク」つながりではありませんが、洗濯機の中の洗濯物にならないこと。洗濯機になりましょうということです。洗濯機の中で絡まり合う洗濯物と一緒に絡まるのではなく、自分で回してついでにみんな一緒にきれいになる。絡まり防止の機能も身につけて、みんなが絡まないようにする。

こうであるべきと難しく考えるのではなく、こういう身近なものから発想していくとわかりやすいでのはないかと思います。私自身、そういう表現のほうがイメージしやすく、頭の中に絵として浮かんでくると、すんなり腑に落ちることがよくあります。そうやって自分なりに良い方法を見つけられると、自然に楽に自分自身を生きられるようになるはずです。

・今を生きる、それでいい

五戒《ごかい》の教えをご存知でしょうか。もともとは仏教の教えです。

1、不殺生戒（ふせっしょうかい）―生きものを故意に殺してはいけない

2、不偸盗戒（ふちゅうとうかい）―人のものを故意に盗んではいけない
3、不邪淫戒（ふじゃいんかい）―ふしだらな性行為をおこなってはいけない
4、不妄語戒（ふもうごかい）―嘘偽りの言葉を発してはいけない
5、不飲酒戒（ふいんしゅかい）―酒類、麻薬を嗜んではいけない

私はお酒が好きなので、5番はちょっとイヤだなぁと思ってしまいます。

今でも折に触れて唱えるのはレイキ五戒です。「臼井甕男《うすいみかお》」先生の言葉で、日本伝統式レイキの真髄ともいわれています。

レイキ五戒は正式名を「招福の秘法　万病の霊薬」といいます。シンプルな詩で、臼井先生はこれを朝晩合掌して心に念じ、口に唱えよと説いています。

今日だけは
怒るな
心配すな
感謝して
業を励め
人に親切に

この短い言葉にすべてが入っているような気がして、本当にすごいなと思います。

特に「今日だけは」というところが大切だと思います。今日だけでいい。今を生きろ。そういう意味が込められているのではないでしょうか。

ずっと怒らないでいるのは結構大変です。不安にならずにいることも大変です。そんな時も、とりあえず今日だけは怒らない、今日だけは不安を横においてやり過ごす。今日だけ……ってすごいのです。明日になるとその日は「今日」ですから。また、「今日」だけになります。次第に、今日だけ……が身についてきます。

・自然に任せてガマンしない

大切なことなので繰り返しますが、本当に怒りたいときは怒っていいんです。「溜めたら体に毒ですから溜めないで」「ムリにガマンをすると肝臓に負担がかかりますよ」と伝えています。

レイキ五戒を唱えているうちに、自然に怒らない自分、心配しない自分になれれば素晴らしいことです。

ヒーリングのクライアントさんには、レイキ五戒とともに「自分の体を痛めるということは知ったうえで、怒りたいなら怒ってもいい。泣きたいなら泣けばいい」ということを、相手の気持ちに寄り添う言葉で伝えます。そして最終的には「泣きたいなら勝手に泣けばいいよ。自分に返ってくるだけだよ」と言える信頼関係を築いていきます。

若い頃は劇的な変化を狙っていたけれど、その状態は継続しないということに気づきました。その場を整えるだけでなく、本来の意味でクリアランスしなければダメなのです。

それからは、根本からゆっくり癒していくことを目指していました。途中で去る人もいますが、それはそれでいい。それが自然なことなのです。

・誰もがみな錬金術師

私は基本的に、人が活動している姿が好きです。自然の中で人と共に過ごすのもうれしいし、都会で人工物に囲まれて生きる人々と共にあるのもうれしいことです。

電車の窓や歩いている道から、団地の家々の灯りを見て、家族の暮らしを想像するのも大好きです。そろそろご飯の時間かな、子どものものがベランダに置いてあるから家族がにぎやかに暮らしているのかな、兄弟げんかをしたり親に叱られたりしているのかな、と想像を膨らませます。

自然はもちろん美しいけれど、人がつくりあげたものも素晴らしい。プラスチックも鉄も、どうしてこれをつくり出せたんだろう。そして地球上にあるものは、すべて等しく天のものであり、ある見方をすれば、すべてのものが天そのものともいえます。

ナチュラルかナチュラルではないかという言い方をしますが、もとはすべてがナチュラル。人間だって鉄や亜鉛を摂らないと生きていけません。人間の体も、コップやペットボトルと変わらない要素があるということではないでしょうか。

錬金術のようにも感じます。たとえばお茶の葉っぱはそれだけできれいですが、それだけなら自然の中に茂る植物です。それを人間が摘んで、よって蒸す。するとおいしく体に良いお茶として飲めるわけです。

そう思うと、私たちひとりひとりがみんな錬金術師なのです。建物をつくる、洋服をつくる、料理をつくる、子どもを産み、育て、人と人との関係性を築いていく。そこから発生する可能性は無限大ではないでしょうか。

6章 おおもとはすべてひとつ、すべてが自分

・すべてはオールインワン

宇宙のはじまりはどんなものだったのか、知りたいと思いませんか？

私は見たことがあるような気がするのですが、記憶がおぼろげで、見たと断言することができません。ただし、宇宙の根源に触れたと思える体験はあります。

宇宙のはじまりについて科学的な説明を交えれば、最初は混沌としていた宇宙に、ある日ビッグバンが起こります。どこかに何かの歪みが起きた瞬間から、さまざまな宇宙ができたとされています。

そこでは神様も星々もあなたも私もひとつでした。ひとつのものからすべてが発生していきます。銀河、太陽系、星々、善人も悪人も、すべてがひとつ。つまりすべてが自分だったわけです。これがあるから、あなたが、私が整うことで、すべても整う。「ホ・オポノポノ」の原理も頷けます。

私自身の話になりますが、ある日夫と駅で待ち合わせをしていた時のことです。本当に何をしたわけでもないのに、急に意識がポーンとどこかに飛ぶではありませんか。

その瞬間、すべてがひとつということが直感的に感じられたのです。すべてが自分で、すべてがあなた、すべてが地球、すべてが宇宙。究極のオール・イン・ラブの状態です。その場にいるすべての存在に抱きついて、愛を伝えたい。そんな強い衝動に駆られて、とても危険でした。実際にそんなことをしたら、危ない人として逮捕されてしまいます。

同時に、あまりに幸せな瞬間でした。完全に満たされた幸福感。なにも欠けていない完璧なフィーリング。すべてのものが愛しいと感じることが、こんなにも素晴らしいことなのだということを知った瞬間でした。

それ以来、日々そういう意識をどこかに持ちながら生活できている気がしています。いろいろなものが愛しくてたまらない。もちろん苦手なもの、嫌いなものはありますが、それらにさえ大きな意味での愛があると思えるのです。

余談ですが、私がカラーセラピストとして手がけるカラーの仕事（フラワーエッセンスのボトルたち）やパステルの仕事でも、自分の苦手な色や花こそが、とても大切な存在であるといわれています。レクチャー通りに仕事をしている中で、またここで、そうか、そういうことかと、またひとつパズルが解けています。

・必要な時に現れる天使

パズルのピースは至るところにあるとお話ししました。

それがわかってくると、身の回りにさらにいろいろなことが引き起こされ、パズルのピースが集まってきます。

私にとっては天使の存在もそのひとつでした。かつて、私の夢にはよく天使が現れていました。「ミカエル」「ガブリエル」「ラファエル」「ウリエル」。それに加えて七大天使や「アリエル」などなど。他にもたくさんの天使がいます。

夢の中だけでなく、ボーっとしているときふいに天使のオーラを感じることがあります。大好きなピンク色や、清々しい空の色など、現れるシチュエーションも形や色もバラバラです。しかし、天使が訪れたということは、はっきりとわかります。

天使とつながっている時は、天上界の音楽が聞こえてきたり、天上の香りがしたりしました。天使のオーラを思い出すととても懐かしい気持ちに包まれます。そして今でも、たまには夢に出てきてくれます。

必要な時にスッと現れ、また消えていく天使たち。さまざまな文献を調べる機会があったのですが、キリストや天使たちは、実は仏教の神々と同じように感じられました。

キリストは大仏、飛天が天使。特定の宗教をもつ方々には怒られるかもしれませんが、私にとって大いなる存在はすべてつながっているもののように感じられます。その地方、その国々、求める人々に合わせて、神々は姿を変えていらっしゃるのかなと。

私は沖縄が大好きで、たびたび彼の地を訪れています。時間がないけれどどうしても沖縄に行きたい！　という時には、日帰りでも飛んで行ってしまいます。

どうしてこんなに沖縄が好きなのか。海が好きで、自分の住む街も海辺です。自分の街も、その海も好きだけれど、沖縄には何か惹きつけてやまないものがあります。

ある時、その意味がわかりました。いつものように「沖縄においで」とメッセージをいただいて沖縄へと旅立ち、一之宮である波之上宮で沖縄の神様のメッセージを受け取りました。

「あなたが古事記や日本書紀を書き換えなさい」。

あまりにもいきなりかつ壮大な話であり、頭の中が「?」マークでいっぱいになりました。しかし、心に入ってきた声は沖縄の神様の声。そしてそれは『アマミキヨ』という神様ですが、私は『アマテラスオオミカミ』と同じ存在だと思っています。

しばらく「?」が続きましたが、次第にパズルが埋まって解けはじめます。日本書紀や古事記を読むと、神様が国盗りで争ったり、恋人を奪ったり、浮気をしたりと、私たちのイメージする神とは違うようなことがたくさん書かれています。沖縄の神様からのメッセージは、それを私に書き換えなさいというもの。私が私を取り戻して、すべてを整えなさいということなのだとわかりました。

同時に、争ったり、執着したりする姿もまたこの世にあるものの真実なのだということも教えてくださったような気がしています。

日本書紀の書き換えは遥かな道のりではありますが、その言葉は常に私の中にあります。さまざまなことをしてきた私ですが、その中で自分自身が自分のねじれや考え違いを知り、またそれをあるべき位置へ戻し、自分自身を許して真の自分を取り戻していくことが必要なのだと。

その言葉を胸に抱いて、私は自分を整えるヒーリング、本当の自分に還るヒーリングに、やがて出会うことになります。そのお話は最終章に。

7章 すべては自分で選んでいる

・ヒーラーという仕事

私は現在、ヒーラーとして積極的に活動することはしていません。

昔からずっと来てくださっている方や、過去に紹介された本をみて連絡をくださった方、紹介などは別として、基本的には新たにクライアントさんを募ることはしていません。

ヒーリングでお金をいただくことをしたくなくなったということもあります。すでにお金をいただいてのヒーリングはストップしています。

すると「無料なら」ということで来る人でも「お金はいらないといわれても、そういうわけにはいかないから」と、自分で払える分のお金を送ってくだださるクライアントさんもいます。

私が支払いを断ると「それではご飯をごちそうさせてください」という人お酒やいろいろなものを送ってくださる人、それぞれです。

しかし「無料だから」と来られる人にかぎって、どんどん多くのことを求めてくる傾向もあります。「それはできません」と言うと「お金を払わないからですか」ということになります。また、お金が介在しないことで「私たちは友人なんだ」「特別に近しい関係なんだ」と思い込む人もいます。そういうのも困ります。

また、私と話すことでいろいろな情報が得られるから、とにかく会いたいという人もいます。私は自分でわかっている範囲のことは、聞かれれば、また相手にとっていいと思えばどんどん伝えます。

すると「こんなにいただけてありがとう」ではなく「もっともっと」というふうになる人がでてきます。そういう人は、いくら与えられても満足しません。与えられたものを咀嚼して、自分のものにすることもないのかもしれません。だからいつでも自分自身の中身が足りなくて、人に「ちょうだい」と頼ります。

頼られることがうれしい人にとっては「ちょうだい」の人はありがたい存在です。また「あの人に求められて大変だ」「割りが合わない」などといっても与え続けている人は、人に求められることを、実は自分が求めているからなのです。ややこしいですね。いわゆる共依存の関係です。

できることはする。できないことはできないと言う。私にとってヒーリングが「お金をいただいてする職業」ではないと感じた時から、そのスタンスを貫いています。それで去っていく方もいらっしゃいます。

もちろん、ヒーリングでお金をいただくことが悪いといっているわけではありません。ヒーリングを仕事にすることも、まったく悪くありません。ヒーラーが必要とされる以上、仕事として、プロフェショナルとしてヒーリングをする人が必要です。

私個人がお金をいただいてヒーリングをするのをもういいや、と思ったということです。

現在の私は、本気で自分の人生を変えようと考えている方々と一緒に活動しています。自分を知り、向上を目指す方と人生を共に歩むという指針になります。

・ヒーラーという修行もある

ヒーリングというのは相手の業を引き受けるという大変な行いなので、高僧や力のあるヒーラーさんほど「もうやめたい」「次の人生ではヒーラーなんてしたくない」という人が多いです。相手のカルマを引き受けたり、悪いものを呼び寄せてしまったりすることも少なくありません。

それでも続けているヒーラーさんたちは、今生はヒーラーとして生きることが使命だとわかっている。使命をしっかり果たして、次の人生では別の道を歩みたいということでしょう。

私の息子もそのひとりです。デザイン学校を卒業し、アパレルブランドの服飾デザイナーになりましたが、結局はヒーラーの道を選びました。

息子は私よりもずっと過敏で、いろいろなものが視えてしまう体質です。子どもの頃、地域のお泊まりイベントの夜、みんなで怪談の百物語などすると、ひとり離れて壁の近くにいるような子どもでした。霊が集まってしまってしょうがないのです。修学旅行などでも、写真を撮るときにはできるだけ隠れています。写るはずのないものが、良いものも悪いものも混じり合ってたくさん写ってしまうからです。

前述した私の従姉妹と同じように、日常生活に支障をきたすこともありました。ソウルメイトともいえるお嬢さんと出会って結婚し、今は一児の父です。こんな日が来るなんて夢のようです。

デザイナーを辞め、パートナーがつくってくれたカードを使ってヒーリングをしています。このカードのおかげで力や感覚をセーブできるようになり落ち着いてヒーラーとして活動できるようになったようです。

息子は、自分より力のない私がヒーラーをしていることへの反抗心もあったのでしょう、ヒーラーを仕事にすることはずっと避けていたのですが「ここでしておかないと、また次の生も大変だから」と言ってヒーラーの道を踏み出しました。自分の修行ということで、大々的に活動していくことよりも小規模で静かに淡々と必要とされることをしています。

・増えているヒーラーサーフィン

そんなわけで、私は最近クライアントさんのヒーリングをすることは少ないのですが、印象に残ったケースのことをお伝えしたいと思います。それが最近の傾向ともいえる事例だからです。プライバシーを守るために、詳細は変えたり省略したりしてお伝えします。

「50－80問題」という言葉があります。子どもが50代、その親が80代。長期間ひきこもりの子どもの生活を、高齢の親が支えているケースの呼び名です。そんなふうに名前が付くくらい、今の日本にはこの問題に悩む家庭が多いということでしょう。

相談に来たクライアントさんも、まさにこのケースでした。

しかし、当初はそのことを隠し、精神的に不安定なことが悩みということでした。あちこちのヒーラーを訪ねるヒーラーサーフィンの常連でもあり、不安定になると「死にたい」と悲観します。

身体的な障害はないし、ルックスだって悪くない。母親とふたり暮らしですが、お母様も愛情あふれる人で関係も悪くない。そういう状況で何を悩むのだろうという気もします。物事を悪く考えてしまう。本人にとってはどうしようもないことで、もがき苦しんでいるのですが、そういう状況を選んでいるのは自分自身だということに気づいて欲しいと思っています。

どんな状況にあっても、自分がどうあるかを決められるのは自分自身だけです。大変な状況で「大丈夫」と思うのか、「もうダメ」と思うのか。大丈夫と思えば大丈夫になり、ダメと思えばダメな方向に向かいます。

・スピリチュアルと西洋医学は両立できる

そのクライアントさんが他に何軒もヒーラーのところを渡り歩いてきたのを知る人の中には「その人は難しい。手を引いたほうがいい」と言う人もいました。でも向こうから来ているのに、こちらが手を引く必要はないですし、積極的に関わる必要もない。私としては淡々とするべきことをするだけです。

いつも「あなたの笑顔が好きだよ」「よかったら、また会おうね」と伝え続けてきました。そうやって信頼関係が築けたのでしょうか。1年以上経って、精神科に通院していることや、朝なかなか起きられないことを話してくれました。

ヒーラーの中には西洋医学を否定する人が少なくありません。特に「精神科に通院している方はお断りします」と謳っている人も多くいます。ですから、そのクライアントさんも、精神科への通院を隠していたのでしょう。

私は、人を救うという面ではすべて一緒だと考えています。病院にもホワイトエンジェルがいます。ゴッドハンドのドクターもいます。

私のところに来た人がガンだったならば、ヒーリングをしながら「病院にも行ってね」と言います。西洋医学と東洋医学やヒーリングは対立するものではなく、役割が別なのだと思います。

ヒーリングでしかできないこともあるし、現代の医学でしかできない、またはそのほうが迅速に適切に対処できることがあります。

・人は変えられない、自ら変わる手助けをする

今回のケースは、私たちにできることがたくさんありました。私が話を聞き、ヒーリングも行っていますが、福祉事業所へ通所もされています。

朝、迎えに来てくれるバスに乗って事業所へ行き、夕方バスに乗って帰ってくる。もちろん、最初から毎日はムリです。最初は週に1回でもいい。可能であれば他の時間でもいいのです。

最初は苦しいし辛いでしょうが、必死で朝起きて日にあたり、夕方まで外で他の人たちと一緒に訓練をしていくと、その日の夜は眠れるはずです。そうやって少しずつでいいから、生活のリズムを整えていくことからはじめます。

何年も引きこもっていらっしゃった。ここで焦っても仕方ありません。ムリをせずに一歩一歩進めばいい。前に進もうと思っただけでいいのです。とはいえ、私が手取り足取りしてあげることはありません。通所を申し込むかどうかも本人が決めることですし、きちんと通うかも本人次第です。

数年前に聞いて驚いた話ですが、地方から出てきてひとり暮らしをしている大学生が朝起きられずに遅刻を繰り返していたところ、親から大学に電話がかかってきたそうです。「うちの子を起こして講義に参加させるのも大学の責任です。起こして大学に行かせてください」と。

同じように、クライアントさんを通所させるのは私の仕事ではありません。

バスで迎えに行けば、そこでスタッフが通所するように促してくれますが、本当にそれは作業スタッフさんの仕事なのかしら……？

確かに初めは促すことは重要です。それにより生活リズムがつき昼夜逆転ではなくなる可能性が生まれます。その先は、自らが起きてバスに乗り込んでくることが目標です。

私自身は、クライアントさんを変えることはできません。自らが変わろうとするクライアントさんのサポートをする。それが私の役割りだと考えています。

・動物たちからの愛

自分が何かに気づくと、飼っている犬や猫が死んでしまう。そう訴えてくるクライアントさんがいました。それに対して私は、そんなことを考えず、ただ家族として愛して精一杯お世話をしましょうとお伝えしました。

実際、家族の代わりに業を受けて体調を崩したり、亡くなったりするペットもいます。動物というのはそれだけ愛情深く健気な存在です。だからといって、それを恐れていても仕方ありません。自分が自分らしく生きていくことにより、ペットたちに余計な業がまわる可能性も減るはずです。

我が家でも、犬や猫たちはとても大切な存在です。しかし必ず別れはやってきます。「天寿を全うする」という言葉がありますが、私は亡くなったときが天寿だったのだと考えています。それでも、とても辛くて悲しくてたまらないという気持ちがあるのも本当です。

たとえば病気だったら、もっと早く気づいてあげれば助かったかもしれない。そんなふうに思うのは当然でしょう。しかし、起きることはすべて必然です。どんなに悲しいことも、どんなに素晴らしいことも。

ところで我が家のフレンチブルドッグのバロン君ですが、夫が見た夢では、トラのパンツをはいて雷神様の子どもとして天からやってきたのがバロンとのこと（笑）。

バロンは、私が老舗のスピリチュアルの会社で幽体離脱のワークショップのお手伝いをしていた時、まるでネバーエンディングストーリーに出てくるファルコンのような龍として、私がアストラルショップ（星の船）に乗るのを手伝ってくれました。まったく違う姿で現れたけれど、一瞬でバロンとわかりました。

愛してやまないマイルス君という黒パグも、幽体離脱のときに一緒に旅をしてくれるワンちゃんでした。マイルスはすでに天に旅立ちましたが、歴代のペット（ワンちゃん）たちも、私の幽体離脱中にしばしば龍となって、私とともに天を駆け回ってくれます。

私はいつも龍に護られています。そして、愛する犬や猫にも護られていま す。巡り巡る別れはいつでも切なく悲しい。人の時間とペットたちとの時間の違いにがっくりくることもあります。

でもこんな素敵な経験もしました。幽体離脱していると、犬や猫が順番に人間界に生まれ変わる光景が見えたのです。私が愛した犬たちも、いつかそうやって生まれ変わり、また会えるかもしれません。そのときは私が犬や猫かもしれないし、虫や魚かもしれません。それでももし会えることがあれば、潜在意識が気づくのではないかな、と思っています。

そうやって、みんな順番になすべきことをしていく。どういう意味でそれが見えたのかはわかりませんが、その様子は私を幸せな気持ちにしてくれました。

お別れした愛しい子たちに次に会えるのはいつだろう。人間としての私には想像もつかないほどの年月かもしれない。それでも、霊界や天界には時間はないに等しいのだから……また会えること、また一緒に旅ができることを願っています。

8章 エゴのない世界へ

・今のままで完全

ここまでの人生、本当にいろいろなことがありました。「幸せな人生です！」と言いたいし、本当にそのとおりなのですが、それでもするべきこと生かされている意味、与えられた使命を必死でやってきたと思っています。

時に泣きながら、時にのたうちまわりながら。そうして築き上げてきた今があるので「すべてが必要なこと」「このままで完全」「いつも大丈夫」と言えるようになりました。

私には、まだまだエゴがあります。執着をすべてなくすことはできていないでしょう。それでも今は「このままで完全」なのです。そして完全であり続けられるよう精進を続けるのです。イヤなことは手放し、したいことをしながら……。

その大きなひとつが、出会うべくして出会ったヒーリングアートです。この出会いは私にとって、とても大きなものなので、次章でお伝えします。

福祉事業所の仕事は、24時間365日休みなしです。お金や立場、役割にこだわっていたらできる仕事ではありません。「するべきことであり、したいことだからする」それだけです。

私のいくつかの前世の中で、強く出ているのは侍だと言われます。そんなのイヤ　私は王女がいいのに。でも、それは選べないのですよね。いつでもどこでも生きていけるね。生きる力が強いよね。あちこちで言われるこの言葉は、私にとっては弱点と言いたいものなのですが。

それでも転んでも何かをつかんでしまう。それは変えられません。だからこそ、これからは自分のしたいことをどんどんしていきたい。こういうとエゴやわがまま、自分勝手のようですが、エゴを外すためにそうしていきたいのです。

今は娘が大磯につくったカフェの手伝いが楽しみのひとつです。娘は本職であるグラフィックデザイナーとカフェの二足のわらじで奮闘しているのでいずれはカフェの横にデザインオフィスを設けたいと願っています。

・ふと訪れる気づき、宇宙の仕組み

今がいちばん幸せかもしれない。そう思えること自体が、すでに幸せなんだなと、それを噛み締めながら相変わらず忙しい毎日ですが、昔のような焦りは消えました。事業継承やカフェの手伝いなど、やるべきことは全然減らず忙しくてずっと大変な状態が続いているのですが、以前のような大変さを感じなくなりました。

事業所を任せられるスタッフも育ってきました。私の大きな願いのひとつは、今の福祉事業を若手に譲り海外を旅して暮らすことです。そんな夢に一歩一歩近づいているようです。これまでのことがすべて今につながって実を結ぼうとしている。その手応えをつかんでいることを、とてもうれしく感じます。

このところ、目が覚めると3時半から4時くらい。早朝の庭に出ると勝手に増えたクリスマスローズがレースのような愛らしい花で魅せてくれます。大山蓮華、木蓮のような花にドウダンツツジ。事業所のオープンの時にいただいた原種のランが今年も花をつけ、部屋中にいい香りが漂ってきます。

そんなふうに充実した時間の流れを感じながら、植物の世話や日々のふとした営みに宇宙の仕組みを感じています。「ああこういうことか」と宇宙の仕組みが理解できて、パズルのピースのようにつながっていきます。

顕在意識と潜在意識の間を行ったり来たりしながら、人間の生き方そのものを、宇宙の仕組みと結びつけて気づきを得たり納得したりしています。

・森羅万象の尊さを噛み締める時間

山梨の別荘で過ごす時間は、さらに大きな気づきを与えてくれます。夫が山梨に別荘を買った時、息子はあまりに静謐《せいひつ》すぎて怖いと言いました。視えすぎてしまう息子にとっては、静かだけれど忙しい、落ち着かない場なのかもしれません。確かに妖精だらけだし、まわり中が光に包まれて、その中で妖精たちが遊んでいたり、川だけフィルターがかかったように色が違ってみえたり。

朝起きたら小さなきのこが発生して、桜の木や山栗、赤松などのさまざまな木々が健やかにいられるように、妖精たちが力を貸してくれている様子に見えました。

山と敷地の境界線には赤杉があり、それぞれのあるべき姿で山や我が家を守ってくれています。不思議なことに、大磯の家と違って雑草は生えてこないのです。いえ、生えては来るものの、大いなる循環の中で、雑草がひどくはびこることなく、美しい山の状態を保って四季が移り変わっていきます。

龍とのご縁でずっと海辺で暮らし、海が大好きな私ですが、山もいいなぁと毎回感動します。母なるものは海だけでなく、この宇宙全体、海も山も、森も、街でさえも母なるものであり、私たちひとりひとりが母なるもの、神様を宿した存在なのだと感じ、その空間の優しさに身を委ねます。

・自分の心に問いかける

エゴを捨てることは我を手放すことですが、同時に内観も大切な行いです。内観を深めていくと、自分の中にある苦しみ、悲しみ、妬みといった気持ちが見えてくることがあります。

エゴにつながるそのような想いは、簡単に手放せるものではありません。手放せたと思った瞬間があり、あ、でもまだ残っていると感じることがある。自分の執着にイヤになったり、人から依存されることで自分の中にある依存心に気づいたりする。そんなことを何度でも繰り返して、行ったり来たりしながらエゴをなくしていけたらいいと思っています。

内観をする中で多くの人が出会うのが、インナーチャイルドです。子どもの頃の満たされない自分が、固く冷たい塊のままで残っているようなイメージです。

悲しみや妬みなどのマイナスの感情が心に流れ込むと、インナーチャイルドが顔を出します。しかし、それはなかなか自分ではわかりません。私自身真に理解できたのは最近といえるかもしれません。

私の中のインナーチャイルドは、特に父の愛に飢えていることが原因でした。このインナーチャイルドへの想い、気づき、インナーチャイルドとの付き合い方については、次章に述べたいと思います。ヒーリングアートが大きな癒しになってくれたからです。

・愛も執着も鎖もあるがままに

私の両親は結婚をしておらず、父と私たち母子は一緒に暮らしていませんでした。1カ月に1度、海辺の家に会いにきてくれる父のことを私は大好きでした。母も父が大好きで、父が帰る時には、わざわざ横浜まで見送りに行っていました。

きっとその時、母の心の中は寂しさや切なさ、虚しさで荒れていたことでしょう。幼い私はそんなことはわからず、仕事で忙しい父と月に1回会える日を、ただただ無邪気に心待ちにしていました。

しかし、中学生、高校生になると、自分の家が他の家と違うということがわかってきます。なぜ父と一緒に暮らせないのか。会えば私たちを大切にしてくれる父だけれど、本当に私のことを、母のことを愛してくれているのか。そんな疑問が頭をもたげてきます。

私が高校生の頃、母は体調を崩しました。大量の血を吐いて緊急入院し、胃穿孔《いせんこう》といって、胃壁に穴があく病気になったのです。4000ccを輸血し、血液が脳に行かず、大脳萎縮となりました。それは私が結婚して、育児をしながら家にお金を入れない夫との生活に四苦八苦している時にも続きました。

家を売って私を美大に通わせてくれた母。母と私のそんな苦労を知らないはずがないのに、最低限の援助しかしてくれない（と思っていた）父。とても幸せであり父のことも許していたはずなのに、その時のことが身体の奥深くに記憶されました。

父を許せないということは、自分自身を許していないということです。誰かを恨むのは、今の自分を受け入れられていないということです。怒りも同じ、妬みも同じです。それは自分の内に固まって縮こまっている、インナーチャイルドの訴えであることが多いのです。

2002年暮れに母が膵臓がんで亡くなった時、私は自分を見失いかけるほどのショックと悲しみに陥りました。亡くなる瞬間、シューッとオーラが出ていって消えるのを、なすすべもなく茫然自失で見送った時から、時間の感覚が狂ってしまったような気がしました。

仲は良かったけれど、その分裏返しで許せないことも多かった母。「お母さんにそっくりだね」と言われると、うれしい気持ちと嫌な気持ちが複雑に混ざり合っていました。

母が亡くなった時は混乱して、レイキもスピリチュアルもまやかしだと感じてしまいました。何も信じられない気持ちになっていたのですね。悟りの境地とは程遠い状態でした。「人には寿命がある」「亡くなった時が天寿」なんて書きましたが、その時は「まだ74歳になったばかりなのに……」という気持ちばかりでした。

母本人は自分のお通夜やお葬式に集まった人にお酌しようとしたり、バリバリ動き回っていました。体の苦痛から解放されてハイになっていたのかもしれません。それを見た私は気が抜けたような気持ちにはなったものの、母を失った痛みから立ち直るにはしばらく時間がかかりました。

父が亡くなった2003年には、もちろん悲しかったけれど、今思えば、それ以上に執着の中にあったかもしれません。

一緒に暮らしていなかったから、遺されるものがない。そんな状況で、私は父との絆を必死で探し求めました。愛していたから……それは間違いないことですが、そこには愛という名の執着があったように思います。

そんなある日、父の弟の娘さん、私にとって従兄弟にあたる方と電話で父の思い出話をしていた時、ふっと自分の中を風が吹き抜けました。私にははっきりわかりました。それは父でした。

「なんだ、父は私の中にいる。私の中にもいるのだ」と。同時に、肩の力がスッと抜けたような解放感を覚えました。自分自身で締め付けていた心の鎖が緩んだ瞬間でした。完全に解けたわけではなく、緩んだ鎖によって鎖があったことを自覚したのです。

鎖があることを自覚し、それでもいいのだと心から感じられたこと。そこから私の内観はよりいっそう深まり、やがてインナーチャイルドと本格的に向き合うため（だと今は思える）ヒーリングアートへとつながっていきます。

・心と言葉はつながっている

ありのままの自分を受け入れること。エゴを手放すことはとても難しいです。できないからといって自分を責めたり、焦ったりすることはありません。ありのまま、エゴを手放そうと思いながらもなかなかできない自分を受け入れてあげればいいんです。

どんな自分であっても、自分の心は答えを知っています。自分を信じてあげればいい。

そのことを体感するコツをお伝えしますね。

紙に「バカ」などとあまり好ましくない言葉を書いて読みます。そして前屈をしてみてください。どのくらい曲がるでしょうか。

次に「ありがとう」「愛しています」など良い言葉を書いて読み前屈します。

曲がり方が違いませんか？

ふたりひと組で試すともっとよくわかります。

悪い言葉を書いて読んでから、親指と人差し指で○の文字を作ります。絶対に開かせないというように力を込めてから、相手に○字型の指を開いてもらってください。簡単に開かされてしまいませんでしたか？

良い言葉を書いて読んでから○の文字を作ると、相手が力をこめてもなかなか開かないのではないでしょうか。

　また、しゃぼんだまのように空をふわふわ漂っていることをイメージした相手を抱き上げるのと、鎌倉や奈良の大仏のように金属がいっぱい詰まった大きな体の自分をイメージした相手を抱き上げるのでは、感じる重さがまったく違うはず。（抱き上げる時はケガをしないように、ムリに持ち上げないようにしてください）。

　実際に試してみると、とてもよくわかるはずです。心と体がつながっているということが。想い（イメージ）が現実をつくっているということが。

　嘘をつくと自然と肩に力が入ります。それは自分自身がいちばんわかること。自分の中にすべての答えがあるということです。

自分の中にすべてがある、今の自分がそのままで完全であり、あるがまま

でいいのだということを実感することで、エゴや我は徐々に抜けていくことでしょう。必要ないということがわかるのですから。

9章 曼荼羅アートで自分に還る

・道具ではない本質を求めて

私はこれまで、さまざまな修行や学び、経験の中から、多くの手法を身に付けてきました。おもにヒーリングをメインとした手法ではありますが、それは多岐にわたります。

思い返せば、サインもパズルのピースも気づけばそこにあった。心の深いところからそう思います。

因縁を切る行のために、天台密教のお寺で修行していた時のこと。お経を唱え瞑想していると、本堂に行くまでの境内の両サイドに、お寺の燈明がピラミッドの形をして立ち並んでいます。歩みを進めると、燈明のガラスの部分がパンパンと音を立てて弾け飛びます。その時、「あ、因縁が切れた」ということがスッと自分の中に入ってきました。

そういうサインは、書き出すとどんどん思い浮かんできます。

たとえば、中国の崑崙山脈《こんろんさんみゃく》に古くから続く「クンルンネイゴン」では、各次元の仏様が見えました。「クンルンネイゴン」とは、7世紀に尼僧のリンさんが雷神様より教えを授かった道教の秘法です。

私が出会ってきたものは、みなパズルの一部として周囲に散りばめられています。レイキにはじまり、ヨガ、音叉、カラーセラピーやジョイヒーリング、古神道、言霊修道士ほか、多くの手法に助けられてきました。

そのどれもが、それぞれの時点の私にとって必要なものであり、それらがあったからこそ、今、究極的に自分に必要な癒しに出会うことができました。

それが「ヒーリング曼荼羅アート」です。

絵を表現しながら絵を超えて、私を取り巻くさまざまな色や形たちが私に深く浸みわたり、細胞のひとつひとつに作用する感じがありました。自分が描いているというよりも、描かされているような感覚。ヒントや必要なものを、この手で生み出しているという実感がもたらされます。

たとえばある日に描いた曼荼羅。描きながら「本質を取り戻すためだったのだなぁ」とわかりました。

6本のパステルを選んだら、1本だけ紺が入っています。その上に、大好きなピンク系統の色を重ねていく間に、紺が紫に変化していく。

そういう過程で、紺が自分のダークの部分であることに気づきました。そのダークがピンク系統の色を重ねていくことで、紫に変化して浄化され、ひとつのアートになっていくのです。

ここで涙がポロリ。癒された瞬間です。本来の無垢な私に戻ることができた瞬間です。

・インナーチャイルドが癒やされた

ヒーリングアートに出会い、私自身が輝きはじめました。この大いなる癒しは、自分の中のインナーチャイルドが癒やされたことからもたらされたものでしょう。インナーチャイルドが癒やされると人生が広がります。

大好きだけれど恨みつらみもあった父を。

苦労して私を育ててくれたけれど、不穏な時期も長く、ケンカもたくさんした母を。

想像を絶する心労を味合わされた元夫を。

ムリやごまかしではなく、心の底から許し受け入れ「大好きだよ、ありがとう」と伝えられる心に変わっていきます。

私のそばでずっと見守り、私をこのうえなく成長させてくれた子どもたちに。

唯一無二の無償の愛で、私や子どもたちを支え続けてきた現夫に。

そこにいてくれるだけで救いだった周囲のすべての人々に。

「感謝でいっぱい。ありがとう」が湧き出てくる。そしてぶれない中心軸を手に入れて、今が幸せ、ありのままがいちばんの癒しだと気づいた自分自身に対して「ありがとう。がんばっているね」の気持ちを素直に伝えられるのです。

・必要なものはいつでもここにある

私は今、毎朝最低１枚、曼荼羅アートを描いています。まだ暗い早朝にパステルを選び、紙に心を写していきます。

なぜこの色を選んだのか、最初は不思議な時もあります。描き進むうちに「そうだったのか」気づきを得たり「やっぱり」と納得したり。いつでも発見や驚き、喜び、共感、癒し、許しや調和など、ひとつの曼荼羅アートの中に無限の世界が浮かび上がります。そしていつでも、宇宙との一体感に包まれます。

ときには自分の中の不穏な部分を見せられることもあります。いつもより激しくパステルが呼びかけてくることがあります。デトックスしたり、チャージをしたり。いつでも自分に必要な要素が、自分の中から引き出されるのを感じます。

絵心も関係なく、誰もが美しい絵を生み出せるのが曼荼羅アートです。絵を描きながら、愛する気持ち、自分が愛されているという実感に包まれます。そしてなにより私の前に現れてくれた絵が愛おしい。

私は仕事を整理して区分けしたり、分担をしていったりという作業が苦手です。しかし、ヒーリングアートに出会い、描いた絵を仕分けして名前をつけて保存する必要が出てきました。毎日1枚以上描いているので、そうしておかないとわからなくなってしまいます。

すると、そのおかげで仕事の仕分けもできるようになってきました。もちろん、まだまだの部分はありますが、少しずつでも前進していると思えるのはうれしいことです。

同時に、苦手なことを無理してすることはない、ということもわかってきます。最低限必要な区分けや仕分けができれば、あとは分担すればいい。あれもこれも自分でしないと、となると疲れてしまいます。自分でなければできないことって、それほど多くない。自分で勝手に思い込んで疲れてしまう。これも執着ですね。

人にはそれぞれにすべきこと（したいことも含めて）があり、それをしていくのがいいんだなということも再認識しました。これも「デトックス」や

「手放すこと」に関する曼荼羅さんのメッセージです。

心をオープンにして、自分らしく、ありのままにいたい。誰もがそうであってほしい。曼荼羅さんはいつでも、自分の中の想いを明確にしてくれます。

・すべては宇宙からの贈りもの

必要とされる方にヒーリング曼荼羅アートを届けたい。いえ、ただただ一緒にパステル画を描きたい気持ちでいっぱいです。一緒に幸せになっていきたいという気持ちが湧き出しています。

そして、幸せのお裾分けという意味で、本書の最後に、ギフトをお届けしたいと思います。

私たちすべてに、ハイアーセルフ、つまり高次元の自分自身は、いつだって自分にギフトを用意してくれています。自分の中にある答えがすでにそのものですが、そこに至るまでの気づきやパズルのピースにも、楽しい仕掛けを用意してくれています。

たとえば、ふと目に入るもの。それは、それぞれの人に合わせて、わかりやすい形で見せてくれているサインです。数字だったり、言葉だったり、映像であったり。

私は、母を介護している時、7という数字が繰り返し目の前に現れました。7にはいくつかの意味がありますが、この時は輪廻転生であることを、私は感じていました。

母の旅立ちの日のことを、わかっている。わかっているんだ。そう思いつつつも、ショックを受けるだろうことをわかっていた高いところにいる私が受け止めるための力を増やすための計らいでしょう。たくさんの7を映し出してくれました。

おもな数字の意味を解いてみます。

1　新規、神との合一
2　エネルギーバランス（男性性と女性性）
3　三位一体（心、身体、精神）
4　完全なバランスへの成長
5　事態を変える急務
6　導師
7　始まりと終わり
8　宇宙意識、無限

9　完成
10　斬新的な理解力
11　師（創造的な力）
12　弟子（エネルギーの強い一団）
22　師（バランスと統合）
33　師（精神的な霊的教師）
40　高次への知覚変化

このような数字が目に入ったら、それは、ハイアーセルフからのギフトかもしれません。あなたの人生は、いつも、守られていることに気づきましょう。気づくことができたら、常に守護されていることに安心感を持つでしょう。

私には、いつも、自分の誕生日の数字が現れます。生まれる日も、名前も生まれる場所も、全て自分で選んで来ているということを実感します。

「自分で選んだこの人生をしっかり自信を持って歩いていけよ」と、自分に言っているのかもしれませんね。

ギフトを受け取るために必要なものは、愛、感謝、敬意。そして自分自身に正直であること、あるがままであること。

難しいことではないんです。**今の自分、今のあなたそのものなのです。**

真の答え、宇宙の法則に寄り添うことができたとき、私たち自身が自分や大切な人を癒すパワースポットのような存在になることができます。

そうなりたいとか、そうしようとか思うことなく、すべては自然のままにそうなっていくでしょう。

エピローグ

本書を手に取ってくださった皆様に出会えたことに感謝とともに愛を送ります。

ありがとうございました。

人にはさまざまな過去があり、良い記憶もそうでない記憶も意識しないまま細胞のなかに溜め込んでいます。ふとした瞬間に、それが湧き出て止まらなくなること、自分でもどうしようもなくなることがありませんか？

私にはあります。プロローグには、中心軸がぶれなくなったとか、手放すことができるようになった、なんて書きましたが、やっぱり時には、モヤモヤしたりイガイガしたりすることもあります。

しかし、それは悪いことではなく、そんな自分も愛おしいと認めてあげることはできます。セルフヒーリングとして曼荼羅アートで自己の内観をし、メッセージを受け取ること。そのことで、自分の心の切なさ愛おしさを感じマイナスな想いを、手放すことができています。

ある大忙しの1日、仕事関係の方と食事の約束が入っていたので、楽しみにしつつもちょっと焦り気味で出かけてきました。

日々の疲れもあり、帰ったらうっかり寝入ってしまいました。

目が覚めて大慌て。やらなければいけないことが山積みです。

こんなとき、いつもなら即座に仕事に取り掛かるところでしょうが、こんなときだからこそ、曼荼羅と向き合って心を落ち着かせようと1枚。

優しい花の絵になりました。

それは、疲れたら休んでいい。落ち込んでもいい。どんなときも私は私なんだと教えてくれています。

優しい色に癒され、そうしてみんなに優しさを届けられるように。

そんなことを考えつつ描いた曼荼羅を眺めていたら、福祉でお手伝いしている方から電話が入ってきました。

めずらしいことなので不思議に思いながら電話に出ると電話口の向こうから「僕は森野さんちの子どもだよ」と言われました。

その方とは、半年以上にわたり、お話を聞く形で関わってきたのですが、はじめて心を開いた言葉をくれた瞬間です。わざわざ電話をくれて……。

自分が自分らしくいること、自分を認めてあげることで、そんなことが起きるのだと思いました。

そんな私の願いは、ずっと変わりません。
沖縄の神様との約束を果たすこと……。

それは、すべての方の心の平和が世の中の平和へとつながり、愛の波動となります。

そして、愛の波動はすべての感情を超えて大きな力となり、うねりを巻き起こして広がって行くことでしょう。

今まで出会ったすべての方、もの、ことにも愛の波動と感謝を送ります。

これまで私は、たくさんの師に出会ってきました。

voiceでご活躍の創琉先生と日本ヒーリングアート協会主催の梅邑先生は私にとっては必然の出会いであったと感じています。

このふたりの師のおかげで、人生の総決算ともいえる私自身の内面を整えることができ、今も私は変化し続けています。

おそらく、この地上にいる限り、内面を整え続けていくことになると思います。

最後に、こうしてお読みいただいているあなたへ心より御礼申し上げます。本ができあがるまで寄り添ってくださった編集の上江さん、稲さんありがとうございました。

また、今は亡き両親、私をサポートし続けてくれている夫、息子や娘をはじめ、さまざまな方々へ心より感謝します。

大いなる存在
曼荼羅アート
そして、愛とともに、いつもここにいます。

森野羽菜

発刊に寄せて

人が生きていくとはどういう事なんだろう。

人生の苦難とは何故起こるのだろう。

私達がいるこの宇宙において、それらを知るという事がもしも大いなる存在から見た時、あまりにも無意味な愚行であるとしても、それに対しこれ程素直に愚直に只ひたすらに向き合っている女性を私は他に知らない。

しかしまた同時にこの大いなる愚行こそが今の時代の流れがかつて無い程急速に変化を起こし始め、それについていけず途方に暮れ、自己の行き場を無くした先導者達の最後の頼りにもなるという事も確信している。

沢山の迷い子たちを救い続けたその先に著者が一体何を見て、何を感じて行き着く処へたどり着くのか、私はそれが楽しみでならない。

どうかこの本を手に取られた皆様にもそれを感じながら、重ねながら、自身の人生の手引きとされていただけたら幸いに思います。
どうかあなたが今、感じている暗闇にささやかで穏やかな一筋の光がさす事を願って。森野さんとの最善である出会いに感謝致します。

盟友　内山

令和5年6月

森野羽菜（もりの・はな）

日本ヒーリングアート協会認定講師。

レイキ及び古神道神傳ヒーリングティーチャー。


神奈川県生まれ。

多摩美術大卒業後、養護教員を経てスピリチュアルの道へ進む。

レイキから始まり、ヨガ、音叉、カラーセラピー、ジョイヒーリング、古神道、言霊修道士等多岐にわたる手法を習得し、日本中からクライアントが訪れる。

2度の結婚、子どもの病気を通して「手放す」ことの重要性を知り、皆さんにも知ってほしいと広く活動を続ける。

その活動とは別に、長年の思いを形にするべく2年の歳月をかけ養護施設を立ち上げる。

施設の子どもたちと共に日々奮闘するなかで、ヒーリング曼荼羅アートとの出会いがあり、1000日修行ならぬ1000枚修行をはじめる。

描くことでの曼荼羅との語り合いは、浄化と発見の日々を作り出し、作品をアメブロで毎日発信している。

養護施設は後任へと継承しつつあり、ヒーリング曼荼羅アートを多くの人に知らせていくための活動に力を入れている。

アメブロ「ヒーリングアートであなたの世界を広げませんか」にて
ヒーリング曼荼羅アートを毎日掲載中!
ヒーリング曼荼羅アート体験会・講座のお知らせもあります。
詳しくはQRコードまたは、「森野羽菜」で検索!

2023年６月30日　第一刷発行

愛が降り注ぐあなたになるために ～今、この瞬間を生きる～

発行所　（株）三楽舎プロダクション
〒170-0005　東京都豊島区南大塚3-53-2　大塚タウンビル3階
電話　03-5957-7783
FAX　03-5957-7784

発売所　星雲社（共同出版社・流通責任出版社）
〒112-0005　東京都文京区水道1-3-30
電話　03-3868-3275
FAX　03-3868-6588

印刷所　創栄図書印刷
装幀　マルプデザイン（清水良洋）
ＤＴＰ制作　CAPS

ISBN　978-4-434-32388-1　c0011

三楽舎プロダクションの目指すもの

三楽舎という名称は孟子の尽心篇にある「君子に三楽あり」という言葉に由来しています。

孟子の三楽の一つ目は父母がそろって健在で兄弟に事故がないこと、二つ目は自らを省みて天地に恥じることがないこと、そして三つ目は天下の英才を集めて若い人を教育することと謳われています。

この考えが三楽舎プロダクションの根本の設立理念となっています。

生涯学習が叫ばれ、社会は少子化、高齢化さらに既存の知識が陳腐化していき、われわれはますます生きていくために、また自らの生涯を愉しむためにさまざまな知識を必要としています。

この知識こそ、真っ暗な中でひとり歩まなければならない人々の前を照らし、導き、激励をともなった勇気を与えるものであり、殺風景にならないように日々の時間を彩るお相手であると思います。

そして、それらはいずれも人間の経験という原資から繭のごとく紡ぎ出されるものであり、そうした人から人への経験の伝授こそ社会を発展させてきた、そしてこれからも社会を導いていくものなのです。

三楽舎プロダクションはこうしたなかにあり、人から人への知識・経験の媒介に関わり、社会の発展と人々の人生時間の充実に寄与するべく活動してまいりたいと思います。

どうぞよろしくご支援賜りますようお願い申しあげます。

三楽舎プロダクション一同